般若経の思想

渡辺章悟

春秋社

はじめに

大乗仏教は菩薩運動でもある。その担い手は、従来の声聞と言われる出家の修行者を中心としながらも在家者までを含む広範なグループであり、その呼称はボーディサットヴァ（bodhisattva 菩薩）、「悟りを求めるもの」と呼ばれた。

彼ら菩薩たちは、従来の伝統的な出家者の修行生活を批判し、それらの実践を究極の悟りに向かわない劣った信仰（hīnādhimukti）、あるいは劣小な乗り物（hīnayāna 小乗）と蔑称した。そして、自分自身の悟りはともかくとして、広く一切の衆生を救おうという利他行の立場を、悟りという究極の目標に向かって進む乗り物に喩えてマハーヤーナ（mahāyāna 大乗）と称したのである。

その「大乗（摩訶衍）」という言葉を初めて用いたのが紀元前後に成立した「般若経」

である。「般若経」によれば、従来の伝統的な仏教は「煩悩を断って修行者の最高の位である阿羅漢位《あらかんい》を得ること」を目指している。しかし、それは自己の悟りのみを目標とする「信解《しんげ》の劣った［者の］道」（小乗）と断じ、自己の立場の優位性を主張したのである。

大乗仏教徒は、従来の修行者の階梯である預流《よる》・一来《いちらい》・不還《ふげん》・阿羅漢（四向四果《しこうしか》）といった声聞《しょうもん》や独覚《どっかく》（＝縁覚）の境地に満足してはいけない。そこに結びつく［小乗の］教えによっては、完全な悟りに到達することはできない。大乗の教えによってのみ一切智者性（sarvajñatā）を獲得し、完全な涅槃に到ることができると主張し、その一切智を得るための智慧を、従来の智慧と区別して「完全な智慧」（prajñāpāramitā 般若波羅蜜）と呼んだのである。

　この智慧の名を冠する経典群が般若経なのである。般若経はこの悟りに至る智慧を最大のテーマにした。空もまたこの般若波羅蜜が見る対象としての世界を表現したものにすぎないし、悟りに結びつく善なる功徳や実践も般若波羅蜜を根源とするものである。そして、この根源的な智慧を基礎とする修行道の再編こそが本経を貫くテーマであった。

　般若経典は初期の大乗から数百年にわたって増広され、種々なる般若経典が登場した。その代表が玄奘の訳した『大般若波羅蜜多経』六〇〇巻であり、これはあらゆる経典中最大のものである。一方、この中から特定のテーマが選び出され、単独の経典となったり、『一字般若』のような極端に短く収斂した経典も生まれた。このように、般若経は数百年にもまたがる成立過程で生まれた経典群のため、驚くほど浩瀚であり、幅広い教理の多様性がある。そのため、これまで適当な概説書がなかった。そこで不充分ではあるが、般若経を鳥瞰できるような解説書をめざして本書の執筆をしたつもりである。

本書は全六章からなる。最初にインドの宗教的背景を考えながら、ヴェーダの宗教と仏教における智の役割と展開を述べる。ついで、第三章で般若経群についての基本的文献を整理し、その概要を解説してゆく。さらに第四章では、空と縁起という般若経の中心思想を取り上げて考察し、第五章で智の展開を基軸に、般若経独特の智の体系化と深化についてまとめた。この四章と五章が本書の中心である。最後の六章は大乗仏教運動の根拠となった仏塔信仰と経巻信仰についてである。この信仰によって大乗仏教が発展したことを般若経の記述からまとめておいた。

なお、本書は膨大な般若経群の中から、拡大般若と呼ばれる『八千頌般若』や『二万五千頌般若』を中心に解説する。歴史的にもこれらこそが般若経の中心であり、基本的な般若の教えは、ほぼこれに尽くされるからである。

般若経の思想　目次

般若経の思想

第一章　インドの宗教における般若（プラジュニャー）

（1）般若とグノーシス——ウパニシャッドから仏教へ

プラジュニャー（prajñā 般若）とは、サンスクリットで、直観的・直証的な智慧をいう。仏教では智慧を〈知〉と〈慧〉に分けて考えることがあるが、その場合には、平等の中に差別を見る分析的な〈知〉がジュニャーナ（jñāna）であり、それに対し、一切事物の平等なることを証する〈慧〉がプラジュニャーである。

この般若（慧）は、仏道の根本となる三種の実践修行、すなわち戒・定・慧という三学の一つとして、原始仏教以来重視されている。

語源を分析すれば、プラジュニャー「般・若」（pra-jñā）とは、「知」に「前方、根元」を意味する接頭辞 pra- が付いて、「智慧」となったものである。それに対して「分離」を意味する接頭辞 vi- に「知る」という動詞から作られた名詞 jñāna が結びついて、「知識、理解、知覚」という意味となった vi-jñāna があり、こちらはしばしば分別知、分析知などと解され、無分別知である「般若」に対する。

概して仏教では「般若」は vijñāna と異なって、学習され、集積される知識ではない。どのようなものかと言えば、〈ダルマ〉をありのままに観ずる悟りの「智慧」である。ものの在りようを〈ダルマ〉の流れの中で捉え、その真実の姿と自己の同一性をありありと観ずる、その体験によって目覚めを獲得することができる真実の智慧である。

この般若は悟りの智慧として大乗仏教でも重視され、この智慧を般若経典としてさまざまな形式で説くようになったのである。

欧米の仏教学者にはこの「般若経」を仏教的グノーシスの経典と呼ぶ者がいる。グノーシス（gnosis）とは、もともとギリシャ語で「神智・叡智」といわれ、「救済をもたらす神の認識」、あるいは「神との神秘的合一を可能にするような智」とされる。実はこのグノーシスの語根グノー（gno-）も、サンスクリット語のジュニャー（jñā-）も、ともに「知

＜前の、先の＋智＞ ⇨ 根源的な智

(Skt) pra-jñā ＜ jñā- ＝ gnō- (Gk)gignōskō, (Lat) gnōscō, nōscō

(Pāli) paññā ＜ ñā-

る」という動詞であって、印欧語に共通するものであることが確認できる。

これはギリシャ語（gignōskō）、ラテン語（gnōscō, nōscō）に共通の語根 gno-、英語で言えば「知る」（know）に相当するものである。これらはラテン語の cognitus、英語の cognition、knowledge を指摘するまでもなく、祖先を同じくするインド・ヨーロッパ語族に共通する「知」の類語なのである。

語源ばかりではなく、このグノーシスと般若の機能は、とてもよく似ている。グノーシスを通じて、プレーローマ（充満界 pleroma）の故郷への救済が実現され、それが「叡智の再現」といわれることは、般若が此岸（迷）から彼岸（悟）へと、われわれを誘う叡智と定義されることに対応する。

この意味で「般若」の智は、悟りに直結し、絶対的な境地に至らせるという機能を持っている。その内実は神秘的直観というより、もっと具体的で、創造的な智慧とみなすべきであろう。なぜなら智慧は、戒を保ち、三昧（定）に沈潜するなかでのみ生まれ、この智慧が生ずることによってのみ、悟りの世界が開ける。このことは、初期仏教以来の多くの仏典で繰り返し述べられるからである。

しかし、このプラジュニャーを仏教以前、あるいは同時代のインドの宗教思想という視点から分析することは、あまりなされていなかったのではないかと思う。そこでここでは、古代インドの宗教思想という文脈の中でプラジュニャー（prajñā 般若）について解説しておきたい。

（2）ヴェーダの宗教におけるプラジュニャー（智慧）

古代インドのヴェーダ聖典の最後にまとめられたウパニシャッドは、神秘的な哲学説を伝えたもので「奥義書」とも呼ばれる。このうちの古い文献は、紀元前五〇〇年以前にまでさかのぼれ、仏教思想の背景にもなっている。このウパニシャッド全般において、智慧（prajñā 般若）の語は、jñāna（知識）、buddhi（覚知）、vidyā（明知）といった知にかかわる語と較べて多く用いられることはなく、この語が特別に重要視されていたようには思えない。しかし、いくつかの文献ではしばしばプラーナ（気息）やアートマン（我）、ブラフマン（梵）に結びつけられ、最高原理として用いられることがある。

そのうち最も古いと思われるものが、仏教以前に成立したとされる『ブリハッド・アーラニヤカ・ウパニシャッド』（*Bṛhadāraṇyaka Upa.*）の次のような用例である（Limaye & Vadekar [1958]）。

（a）ちょうど塩の塊が内外に他のものをまじえず、完全に味の塊であるように、おお、ちょうどそのように、このアートマンは、内外に他のものをまじえず、叡智の塊（prajñāna-ghana）である。これらの元素から発生して元素に滅し、死後に意識はない。（*Bṛhad. Upa.* IV-5-13）

（b）ブラフマンは智慧（prajñā）として念想されるべきである（upāsitā）。それでは何が智慧の本質（prajñatā）なのかというと、〝ことば〟に他ならない。親族、四ヴェーダ、……一切の生きものもすべて〝ことば〟によって認知される（prajñāyante）。〝ことば〟はまさしく至上のブラフマンである（vāg vai ... paramaṃ brahma）。（*Ibid.* IV-1-2） （c）譬えば、愛する女性に抱かれているときには内にも外にも何も覚知しない。そのように、このプルシャが、智的なアートマンに（prājñena-ātmanā）包容されている時には、内にも外にも何も覚知しない。それこそまさに彼の願いが満たされた姿、自己を願いとする姿、願いなき姿、憂いより離れた姿である。（*Ibid.* IV-3-21）

（d）譬えば、重荷を積んだ車が音をきしませながら進む。そのように、人が息を引き取る時には肉体的なアートマン（śārīra ātmā）が智的なアートマン（prājñena-ātmanā）を載せて、音をきしませながら進むのである。（*Ibid.* IV-3-35）

このように数少ない例ではあるが、「智としてのアートマン」（prajñā-ātman）は根本原理であって、「身体からなるアートマン」に対するものという見解が、すでに初期ウパニシャッドにおいて見いだされる。注目すべきことに智慧（prajñā）はアートマン／ブラフマンの属性の一つとみなされていたことが窺える（山口恵照［1979：1093-1109］）。

ただし（c）、（d）はプラジュニャー（prajñā）ではなくプラージュニャー（prājña）という形容詞である。この語は（d）のように、シャーリーラ（śārīra, fr. śarīra）の対概念として、「知的な」という意味を持ち、智的なアートマン（prājñena-ātmanā）で、叡智的自我を意味する。ここではアートマンの三位である覚醒時・睡眠時・熟睡時のうちの第三位の説明をしている箇所とされるが、後代に成立したヴェーダーンタ学派ではこの「純知」（prajñāna-ghana）をも越えた第四位、最高位のアートマンを強調する（中村元［1955：293-296］）。

次に、智慧（prajñā）の語が頻出するのは同じく古ウパニシャッド文献の一つである『アイタレーヤ』と『カウシータキ』というリグ・ヴェーダに所属する二つの散文ウパニシャッドである。両者は釈尊以前に成立した古ウパニシャッドとされていて、後者の第四編にはカーシー国のアジャータシャトル王が登場するが、この王はビンビサーラ王の子である阿闍世とは異なる。後者はマガダ国のアジャータシャトル王となっている。しかし、従来の研究に基づく限り、本書の成立は釈尊と同時代といって差し支えないであろう。

その『カウシータキ・ウパニシャッド』（*Kauṣītaky-upaniṣad*）第三編はインドラ神がプラテルダナ王にプラーナ（prāṇa 気息）について教えを伝える節であり、ここに智慧の語が集中して出てくる。

（e）我（インドラ）はプラーナ（気息）である。そのような我を智慧からなるアートマン（prajñā-ātman）として、寿命として、不死として念想すべし。……智慧（prajñā）によって真実なる思慮に達することができる。（*Kauṣītaky Upa.* III-2）

（f）プラーナ〔気息〕というのは智慧からなるアートマンであり、この肉体を保持し、起たせるものなのである。したがってこれこそを「讃誦」（uktha）として念想すべきである。プラーナは智慧であり、智慧こそがプラーナである。この両者はともにこの肉体にとどまり、またともに去る。（*Ibid.* III-3）

（g）語、気息（プラーナ）、眼、耳、舌、両手、身体、陰部、両足、意〔の一〇の要素〕は「智慧」の一部として抽出されたものである。これら外部に移された存在要素が、それぞれ名前、香、色、声、味、動作、苦楽、性的喜びと快楽と生殖、歩行、静思と願望〔の一〇の要素〕である。「智慧」は語などの一〇の智慧の要素を乗っ取り、名前などの〔一〇の〕存在要素を取得する。実に「智慧」なくしてどのようなものも成立しない。どのような対象も覚知されない。（*Ibid.* III-5~7）

（h）存在要素は智慧の要素によって支えられ、智慧の要素はプラーナ〔気息〕によって支えられている。そしてこのプラーナは智慧からなるアートマンであって歓喜、不老、不死である。……彼は世界の護持者であり、世界の主宰者であり、一切のものの主で

ある。彼はわがアートマンであると知っておくべきであろう（vidyāt)。（*Ibid*. III-8）

以上のように（e）から（h）までの『カウシータキ・ウパニシャッド』第三編は「プラーナ（気息）の教説」であり、プラーナは智慧（プラジュニャー）であり、寿命であり、不死であるという。このプラーナが人身にとどまるとき、人に寿命があり、感官機能（六根）はただプラーナに従って活動するにすぎない。プラーナは智慧からなるアートマン（prajñā-ātman）であり、逆に、智慧の一部であるとされる。

さらに、このウパニシャッドの末尾（IV-20）には、「かのインドラ神が、この〈智慧からなる〉アートマンを知らなかった間は、アスラたちが優勢であったが、インドラがこれを知ってからは、アスラ族を伐ち、これを征服して、あらゆるものの権威者、覇王、支配者の地位を勝ち得ることができる。このように知るものは。」と結んであり、インドラとアスラの対立といった文化的な背景も注意すべきである。

次いでこの智慧の語が頻出するのは『アイタレーヤ・ウパニシャッド』（*Aitareya Upaniṣad*）であり、特にその第三編の「アートマンの本質」を述べる箇所に集中している。キース（A. B. Keith）らの考証によれば本編はおよそ紀元前五〇〇年頃の成立といわれ、仏教の興起と時を同じくする。

ここで説かれる智慧（prajñā）も先に検討したのと同じく、あらゆるものを支える根源的な知であり、アートマン／ブラフマンの別名として述べられている。

（i）われわれはそれをアートマンとして念想する。これは誰であるのか……（*Aitareya Upa.* III-1-1）
（j）この心にしてこの意であるものは、想、知覚、分別識、智慧（prajñāna）、学識、見解、確信、決知、思索、衝動、記憶、思慮、意志、気息、願望、愛欲、力である。これらすべてのものは実に智慧（prajñā）の名前（nāma-dheya）である。（*Ibid.* III-1-2）
（k）このすべては智慧に導かれ（prajñā-netra）、智（prajñāna）に基づいている。世界は智慧によって導かれ、根拠は智慧（prajñā）である。ブラフマンは智（prajñāna）である。（*Ibid.* III-1-3）
（l）かれ（アートマン）はこの智慧なるアートマンによって（prajñenātmanā）、この世界から上に逃れ出て、彼方の天上界において一切の欲望を享受して不死となれり。まさしく不死となれり。（*Ibid.* III-1-4）

ここで引用した章句には、prajñā、あるいはprajñānaが用いられている。前者は女性名詞で、後者は中性名詞の違いはあるが、ここではほぼ同じ意味で使われる。基本的にはこの智慧はあらゆるものの根源的存在としてのプラーナ（気息）であり、アートマン／ブラフマンであった。これこそが一元論的実在論という思想傾向を持つウパニシャッドの特性である。

ウパニシャッドではそれはブラフマンなどの最高神であり、しかも最後に引用した章句（1）のように、この根源的な智慧によって、この世界からかの世界（天界）へ跳出する。そこで欲求（kāma）を満たし、不死（amṛta）となるのである。

第二章　仏教における般若の概念

（1）初期仏教の般若――その機能と涅槃

仏教ではプラジュニャー（prajñā）、あるいはパンニャー（paññā）は、正見の洞察、教えの思択、あるいは悟りの智慧として重視され、先に言及したように、この智慧（般若）によってあらゆる煩悩を断ち、此岸から彼岸へ、すなわち悟りの世界に至るとされるのである。また、中国でも「般若、波若、槃若、鉢若、鉢羅若、鉢羅枳孃」などと特別な語としてあえて音訳された。この智慧のはたらきの重要性について、初期の仏典では繰り返し、以下のように述べている。

常に戒をよく保ち、智慧（paññā）ありて、よく心を統一し、深思し、正念を持つ者こそが、渡ることが困難な激流（ogha）を渡ることができる。（『経集』*Suttanipāta* 174）

愛欲への思いを離れ、すべての結び目（saṃyojana 結縛）を越え、歓楽の喜びを滅し尽くした人、彼は深海に沈むことがない。（同 175）

如来達のこの智慧（paññā）を見よ。闇夜に燃える火のように、光明を与え、眼をさずけ、［智慧ある彼らのもとに］近づき来る者たちの疑惑を除滅する。（『長老偈』*Theragāthā* 1-1-3）

というように、あらゆる現世の苦しみから解脱し、この世で不死、甘露（涅槃）を体現する契機となる救いの光明なのである。しかし、プラジュニャーを悟りに誘う根源的智慧と見るのはウパニシャッドと仏教で共通しているが、それがもたらすゴールについては全く

＜ prajñā の機能＞

ウパニシャッド：この世界 → 天界へ……欲望の享受 → 不死

仏　　教　　：此岸 → 彼岸……煩悩の断滅 → 悟りの世界
＝涅槃

異なる。この智慧（プラジュニャー）の機能と目的について、両者の対応関係を指摘すると、以下のようになる。

　ウパニシャッドの「この世界から天界へ」というのは、仏教の「此岸から彼岸へ」であり、「欲望の享受」は「煩悩の断滅」に、「不死」は「悟りの世界」に対応する。仏教の「悟りの世界」は涅槃であり、それがしばしば不死（amṛta 甘露）と訳されるのは周知の事実であるが、これはもちろんブラーフマニズムからの借用である。このように、表現として両者はよく対応する。

　しかし、両者の相違で重要な点は、実現されるべき目的が、ウパニシャッドでは「欲望の享受」であったのが、仏教では「煩悩の断滅」という真逆の意味になっていることである。

　概してヴェーダの祭式は火を中心に用いて行われる。それについてウパニシャッドは、「その行為（karma- 儀礼）に秘められた真の意味を知るものは、天界に生まれ、あらゆる欲望を満たし、不死に至る」と説く。カルマ・ヨーガ（karma-yoga）、あるいはカルマ・マールガ

(karma-mārga) という語が、まさにその意味での解脱に至る儀礼行為として用いられる。そのヴェーダの祭式の目的は長寿・繁栄・幸福・富裕・利益、あるいはここで引用したように「天界に再生して一切の欲望を享受すること」であるなら、それは生への欲望の飽くなき追求に他ならない。

一方、仏教では現世にて欲望を制御し、教団によって定められた羯磨《かつま》(karman 儀礼)に従って生活しながら、修行に勤める者は、真の智慧を得て、やがて涅槃に至るという道筋を示すのである。ウパニシャッドの欲望の享受を煩悩と捉え、儀礼行為(karman)を欲望達成の手段としてではなく、欲望を抑制する生活を維持するための祭式とみなしたのである。

このように両者は明瞭なコントラストをなしている。それは、涅槃という語義からも窺うことができる。この場合、涅槃(nirvāṇa)はその語根 nir-√vā(吹き消す)から、しばしば「〔貪・瞋・癡の煩悩が〕吹き消された状態」と解釈されている。この例は以下のような経論に見ることができる。

涅槃とは貪欲永く尽き、瞋恚永く尽き、愚癡永く尽き、一切の諸煩悩永く尽く。これを涅槃という。『雑阿含経』（T2, No.99, 126b）＝ *Saṃyuttanikāya* vol.4（38-1 nibbāna）

煩悩滅するが故に名づけて涅槃と為す。また次に三火息むが故に名づけて涅槃となす。『大毘婆沙論』（T27, No.1545, 147b）

一切の災患である煩悩の火が滅するが故に名づけて涅槃と為す。『入阿毘達磨論』（T28, No.1554, 989a）

この三火を貪・瞋・癡という根本煩悩に譬える例は、パーリ文献（PTS）中にもしばしば見ることができる。すなわち、

三つの火〔あり。曰く、〕貪火・瞋火・癡火である。さらに三つの火〔あり。曰く、〕供養火・長者火・応施火である。（『長部』「等誦経」*Saṅgīti-suttanta, DN* vol. 3, p. 217）

ここでなにが三つの障害であるのか。貪障・瞋障・癡障である。これが三つの障害である。……ここでなにが三つの火であるのか。貪火・瞋火・癡火である。これが三

つの火である。(『分別論』「小事分別」第一七 *Khuddaka vatthūni*, p.368)

比丘らよ。これら三つの火がある。三つとは何か。貪火・瞋火・癡火である。まさに比丘たちよ。これら三つの火があると、貪欲の炎は欲望に染まり、痺れる人を焼き、瞋恚の炎は殺生の邪悪な心を懐く者を〔焼き〕、愚癡の炎は迷える者のための聖なる教えを知らない者を〔焼く〕。(『小部経典』「如是語経」*Itivuttaka*, p.92)

という教説であるが、これはヴェーダ祭式に用いられる「三つの火」(長者火 gārhapatya、供養火 āhavanīya、応施火 dakṣiṇa)(ルヌー&フィリオ[1981:320], Sen [1982:31, 64, plan3], 土田龍太郎[1988:24-25])を吹き消すこと、すなわちヴェーダ祭式の否定を暗喩していると解釈すべきである。その例証となるのが以下の章句である。

これはウッガタサリーラというバラモンが、五〇〇頭の牛・羊・山羊を犠牲に捧げる大規模な供犠を行うについて、それに大いなる果報があり、大いに賞賛すべきであるのかという真義を釈尊に質問する場面であり、釈尊はバラモンに対して、以下のように教示する。

バラモンよ、供犠の前に火を点じて、柱を建てさせながら、これらの不善にして苦を生じ、苦を異熟とする（身・語・意の）三つの刀を建てさせる。

バラモンよ、これら三つの火は断つべきであり、避けるべきであり、用いるべきではない。何を三〔火〕というのか。貪火・瞋火・癡火である。バラモンよ、どのような理由でこの貪火は断つべきであり、避けるべきであり、用いるべきではないのか。

（『増支部』七－五「大供犠品」、PTS. *mahāyañña-vagga*, AN vol.4, pp.43-44）

このように、犠牲獣を殺す供犠のためになされる身・語・意の三つの行為（kamma）を「三つの刀」と断言し、これを貪・瞋・癡の三煩悩（三火）に置き換えて、その捨て去るべきことを述べる。さらに続けて「貪によって執着し、悪行をなし、悪趣に生ずる。瞋によって怒りに支配され、悪行をなし、悪趣に生ずる。癡によって愚かさに支配され、悪行をなし、悪趣に生ずる」というように三火を否定する理由を述べている。

その後「供養火（āhuneyyaggi）・長者火（gahapataggi）・応施火（dakhiṇeyyaggi）」の三火に言及し、それに対して①父母、②妻子・使用人、③〔不放逸にして忍辱と柔和を保ち、自己制御している〕沙門・婆羅門をそれぞれ三火にあてて、これらを尊敬し、供養すべきことを述べているが、これはまさにブラーフマニズムにおける〈欲望の象徴である火〉を否定し、そのかわりに正しく供養・尊重すべきものを置換したと解釈できる（『雑阿含』T2, no.99, 24b-25a,『別訳雑阿含経』T2, no.100, 464b-465a）。

この教説の最後は「バラモンよ、この薪火は、①常に燃え上がらせるべきであり、②常に見守られるべきであり、③常に消滅させるべきであり、④常に捨て去るべきである」と結ばれているが、この章句の初めの①と②は仏教の祭祀、後の③と④はバラモンの祭祀を想定しているのであろう。

このように、現世的な利益、すなわち欲望を目的とする祭祀からは、真の果報は得られず、欲望の追求は悪趣に至る道にすぎない。逆に目的とすべきは大いなる涅槃であって、それは欲望を制御することによってのみ得られるものである。そして、吹き消された状態である「涅槃」とは、祭祀〔の火〕を吹き消し、それに替わる新たな実践目標を仏教の立場から提示したものと理解できる。

以上に述べたようにヴェーダの祭式を意味するカルマは、仏教ではしばしば教団内部で行われる儀式・作法（羯磨）を意味するし、ヴェーダの祭式で用いられる三つの火は、仏教において貪瞋癡という身を焦がす三つの火に置き換えられた。つまり、ヴェーダの外的

ヴェーダの三火	三つの根本煩悩	初期仏教の三火
アーハヴァニーヤ・アグニ (āhavanīya-agni)	貪（むさぼり）火	供養火 (āhuneyyaggi)
ガールハパティヤ・アグニ (gārhapatya-agni)	瞋（いかり）火	長者火 (gahapataggi)
ダクシニーヤ・アグニ (dakṣiṇīya-agni)	癡（おろかさ）火	応施火 (dakhiṇeyyaggi)

な火が煩悩の火として〝内化〟されたのである。このように後者は前者を想定しつつ説かれていると理解すべきなのである。このヴェーダ祭式と仏教の三火の対応を図示すると上の図のようになるだろう。

また、プラジュニャーという宗教思想上の最も重要な概念にも、同様の背景が想定される。たとえば、プラーナであり、アートマン／ブラフマンと同一視されるウパニシャッドの智慧に対して、批判者として登場した仏教は自らの立場で〝真の意味での「智慧」とは何か〟、という問いに対する回答を用意しなければならなかった。

その際、智慧からなるアートマンというウパニシャッドの根幹となる表現を受容し、それに仏教的な意味づけを与えることによって、概念の深化を計った。つまり、〈プラジュニャーの仏教的改変〉である。このように仏教的な色づけをして、概念の再解釈を行うことは、当時のインドの人々を仏教的な思考へ段階的に導入するという教育的効果も果たしていたであろう。

(2) パーリ・アビダンマの般若と般若波羅蜜

・パーリ文献の四つの般若

次に、アビダンマの般若と般若波羅蜜の用例について見ておきたい。南方上座部のパーリ聖典にも、パンニャー(paññā)は用いられている。そのなかでもアビダンマ・ピタカの第二巻『分別』(*Vibhaṅga* 325-326)の中で、しばしば〝迷いの欠如、正見と教えの精査(*Amoho dhammavicayo sammādiṭṭhi*)〟という般若(paññā)に対する定型的文脈が見られる。そこでは以下のような四種類の般若について述べている。

①思念からなる般若(cintāmayā paññā)
②聴聞からなる般若(sutamayā paññā)
③布施からなる般若(dānamayā paññā)
④持戒からなる般若(sīlamayā paññā)

また、長部（D. iii, 219）の中でブッダは、この①思念からなる般若（cintāmayā paññā）、②聴聞からなる般若（sutamayā paññā）に、修習からなる般若（bhāvanāmayā paññā）を加えた聞・思・修という三種の般若について言及する。

ここでは他の二つ（③施、④戒）の般若については何も言っていないが、持戒と般若との関連について強調している。この中の布施と持戒は六波羅蜜に含まれるのであり、六波羅蜜説との関連が窺える。さらに、先の長部の同じ文脈で、有学の（sekkha）般若、無学（asekkha つまり阿羅漢）の般若、有学でも無学でもない般若という、別の三種があることを述べているが、これについては別の基準であり、大乗との関連は薄い。

また、別の上座部のアビダンマ文献『法集論』（*Dhammasaṅgaṇi*, 79）では、般若について次のような言及がなされている。

その場合、般若の機能（paññindriya）とはどのようなものか？ 般若はその中に、理解力（pajānanā）、調査（vicaya）、詳査（pavicaya）、教えの思択（dhammavicaya）、観察（sallakkhanā）、審察（upalakkhanā）、……洞察（vipassanā）、正智（sampajaññaṃ）であり、刺激（patodo）があり、高さとしての般若、明るさとしての般若、輝きとしての般若、光輝としての般若、宝石としての般若であり、迷いの消滅、学説の調査、正見、これがそこにおける般若である。（PTS. DHs, p.20）

この引用中には、教えの認知に関連する性格が共通してみられ、「般若」は迷妄の滅除、学説、及び正見の洞察であるとするが、それが先の『分別』（*Vibhaṅga*）に一致していることが確認できる。これらが南方上座部における般若の一般的解釈でもあろう。テーラヴァーダのアビダンマでは、このように教えの学習と正見を持つことが強調され、同時にダンマの認識がブッダの教えと究極的な救済とを正しく理解する手段（方法）であることを明示している。この最後の強調点は、後述する「教えの思択」（dharmapravicaya）という説一切有部による般若の定義と一致している。

（3）種々なる般若波羅蜜説

前述したように、プラジュニャー（prajñā 般若）はウパニシャッドにも見られる智慧の概念であって、仏教独自のものではなかった。またニカーヤやアビダンマ文献には四諦の正見を般若（paññā）とする教理的解釈もなされるようになった。

これに対し、プラジュニャー・パーラミター（prajñā-pāramitā 般若波羅蜜多）は仏教、とくに大乗仏教において喧伝された悟りの智慧である。おそらく小乗部派の智慧に対して「完全なる智慧」という意味なのであろうが、それ以外に従来の宗教で重視される智慧（prajñā）に、完成、最高、達成という波羅蜜多（pāramitā）をつけ加えることによって自己の思想的な独自性を表現したことも考慮されるべきであろう。

しかし、このような概念の類似性のために、仏教内部でもなかなか般若の教えが受容されなかったことは歴史が示している。たとえば僧祐（四四五〜五一八）撰『出三蔵記集』（T55, 97a-b）によれば、コータンの小乗仏教徒は、このような「完全な智慧」（prajñā-pāramitā）を教説の核心に据える「般若波羅蜜〔多〕経」について理解できなかった。そのために、本経を漢訳させようとした朱士行が二八二年に弟子の不如檀らに『道行（般若）経』の梵本を洛陽に持ち帰らせようとしたとき、それは婆羅門書であり、正典を惑乱するものであるとコータン王に訴えて、翻訳を阻止しようとしたという事件が伝えられている。

なお大乗以前に、この般若波羅蜜が知られていた可能性もある。たとえば、大衆部中の説出世部の律蔵に属する『マハーヴァストゥ』（*Mahāvastu* 大事）には、僅かではあるが三回の使用例があり、六波羅蜜の用例さえもある（É. Senart ed., *MV* 3-226）。この用例が大乗以前とは断言できないが、他にも部派文献中の用例は多く見られる。

・パーリの十波羅蜜説（dasa pāramiyo）

パーリ文献には六波羅蜜の伝統はない。『チャリヤー・ピタカ』のように七波羅蜜を説いているものもあるが、基本的には以下の十波羅蜜を採用しているといってよい。

①布施波羅蜜（dāna-pāramī）
②持戒波羅蜜（sīla-pāramī）
③出離波羅蜜（nekkhmma-pāramī）
④智慧波羅蜜（paññā-pāramī）
⑤精進波羅蜜（viriya-pāramī）
⑥忍辱波羅蜜（khanti-pāramī）
⑦真実波羅蜜（paramatthasacca-pāramī）
⑧決定波羅蜜（adhiṭṭhāna-pāramī）

⑨慈波羅蜜（mettā-pāramī）
⑩捨波羅蜜（upekkhā-pāramī）

これを六波羅蜜と比較すると、出離・真実・決定・慈・捨の五波羅蜜を付加しているが、〔禅〕定波羅蜜を欠いている。ただし、捨波羅蜜（upekkhā-p.）の内容は、平等心を失わないこととするので、定波羅蜜と相応するといえよう。

また『ジャータカ』では、この一〇種の実践を、「この世とかの世の（人の）機根を知る特別の智慧を得る条件である十波羅蜜」、あるいは、「他人の意向を知る勝れた波羅蜜、大慈定智、双神通智、無碍智、一切智を得るための条件である十波羅蜜」といい、この十波羅蜜を実践してブッダになったことを前提としている。

・有部の四波羅蜜説

次に、北方アビダルマの伝統は、紀元前一世紀頃カートヤーヤニープトラ（迦多衍尼子）が『発智論』を製作して説一切有部（有部）の教理を確立したとされる。これによって学派として成立し、その後「識身足論」等の六足論といわれる有部の主要論書がつくられたという。

その後、二世紀後半に北インドを支配したカニシカ王が有部に帰依し、彼の援助によって五〇〇人の阿羅漢がカシュミールに集まって有部の三蔵を結集した。その論蔵が、玄奘訳『阿毘達磨大毘婆沙論』（略して『大毘婆沙論』、『婆沙論』）である。なお、本書のサンスクリット原文は現存していない。

本書は『発智論』の説に依りながら、他学派の説も紹介しているが、四波羅蜜を〔『発智論』以来の〕伝統説としつつ、「説かれているように、菩薩は三劫という数え切れないほどの長い時間、四波羅蜜を実践し、それを完全になし遂げてきた。〔四波羅蜜〕というのは、施波羅蜜・戒波羅蜜・精進波羅蜜・般若波羅蜜である」（T27, No.1545, 892a26-28）と述べている。

さらに、カシュミールの諸論師以外の外国師の説として、六波羅蜜説を次のように紹介する。

前の施・戒・精進・般若という〔四〕波羅蜜に、後の忍辱・静慮（禅定）波羅蜜を加えたものを六波羅蜜という。カシュミールの諸論師は、後の二波羅蜜は前の四波羅蜜に含まれるという。忍波羅蜜は戒波羅蜜に含まれ、静慮波羅蜜は般若波羅蜜に含まれる。戒と智慧（般若）が満たされるときに、忍辱と静慮は満たされるからである。
また別の論師によれば、六波羅蜜は前の四波羅蜜に聞波羅蜜と忍波羅蜜を加えたものであるという。もし菩薩が如来の教えである十二分教を遍く受持するならば、等しく聞波羅蜜を円満すると名づける。また、自らの身体を割截して捧げながら、忿恨の心をもたず、逆に他者に慈しみの心を持って他者の利益を誓った羯利王（Kalirāja, Kaliṅgarāja）のように、菩薩が忍辱を唱えるならば、忍波羅蜜を円満する。この聞波羅蜜と忍波羅蜜の二つは、前の四波羅蜜に含まれる。また、忍般若波羅蜜は前に述べたように般若波羅蜜の中に含まれるのである。すべての功徳を皆波羅蜜と名づけることはできるが、強調された意味を明確に示せば、四波羅蜜だけがある（T27, No.1545, 892b22-c4）。

以上のように北方アビダルマでは四波羅蜜が重視されていたが、同時に戒と忍、定と慧が一体化した、いわば四波羅蜜を内在する六波羅蜜を唱えていたことがわかる。本経の般若波羅蜜説については第五章において詳説する。

第三章　般若経の形成とその種類

(1) 般若経とは

般若経は最初に大乗（摩訶衍）を唱えた初期大乗経典の先駆として知られる。現在発見されている最古の般若経写本であるパキスタンのバジョール写本が紀元後一世紀前半に書写されていることから推定すると、その経典としての成立は紀元前一世紀までたどれる。

おそらくそれは部派仏教の中で悟りに向かう意識の高い一群の修行僧（菩薩）たちによって生みだされたものである。かれらは、一切智者であるブッダの智慧に着目し、悟りに至る智慧（prajñā 般若）を般若波羅蜜（prajñāpāramitā）として新たに提示しつつ、その智慧を獲得する修行階梯を模索していった。それは「ブッダを生む智慧」を中心としたブッダに至る道の再編成であるが、実質的には伝統的な聖者の階梯（四向四果）の修道体系に基づきながら、それを超える菩薩からブッダに至る道を智の体系と結びつけながら、不退転や十地を中心とする新たな大乗の修行階梯として再構成したのである。

このことからわかるように、般若波羅蜜経は、ブッダが悟りを得た智慧を顕彰し、その同じ智慧にもとづいて実践するという目的のために作られた経典である。多くは説法するブッダと仏弟子スブーティあるいはシャーリプトラたちとの対論で構成されるが、その教えの実践者が大乗菩薩であり、賛同者が善男子・善女人、あるいは良き人（賢者satpuruṣa）と言われる。彼らがどのような人たちであったかははっきりしないが、少なくとも部派の教団にいた出家者を中心とし、その支持者を巻き込んだグループであっただろう。しかし、この経典はここで論ずるにはあまりに膨大である。そこで基本的な般若経典を中核にしながら、おおよその構造と思想の形成が概観できるよう試みてみたい。

（2）般若経の概観

「般若経」は約一〇〇〇年にわたって増広、縮小、派生を繰り返した膨大な文献群であるが、その展開を大ざっぱにみると、以下のようになる。

［1］初期般若経典の形成（紀元前一〇〇年〜紀元後一〇〇年）
［2］経典の増広期（紀元後一〇〇年〜三〇〇年）
［3］教説の個別化と韻文化の時期（三〇〇年〜五〇〇年）
［4］密教化の時期（五〇〇／六〇〇年〜一二〇〇年）

その始原ははっきりしないが、現存の写本の状況からすると、おおよそ紀元前一世紀頃の西北インドであっただろう。それを初期般若経と呼ぶ。その小さな大乗の宣言から、次第に一定の形を整え、徐々にインド各地に広がっていった。

その間、紀元後一〇〇年頃から長い年月をかけて多くの般若経典群が制作され続けた。その主要な般若経は「摩訶般若」（Mahāprajñāpāramitā）といわれながら、オタマジャクシと蛙、あるいは蛹と蝶のようにもともと同一の生き物でありながら、次第にその姿をかえ、それぞれが別の生き物であるかのような外観を整えるようになった。こうして現在見られるようなさまざまな近似した文献が生まれたのである。これが第二の「経典の増広期」であり、後述する小品系般若から大品系般若の多くの類本がこの時代に成立したのである。主な思想的テーマについてみれば、この時期にほぼ完成したといってよい。

しかし、逆にその中の特定の主題を強調しながら、別個の経典を生んでゆくという流れも存した。第三の「教説の個別化と韻文化の時期」である。この時代には従来見られなかった韻文による要略も行われた。比較的小部の経典であって、よくまとまった内容をもつ『勝天王般若』、『文殊般若』、『善勇猛般若』などはまさにその典型である。『金剛般若経』もこのグループに属するものである。

さらに、その最後の発展が「密教化の時期」であり、般若は仏母として神格化され、さまざまなマントラや種子、密教的な儀軌が見られるようになる。『般若理趣経』、『帝釈般若』、『日蔵般若』、『月蔵般若』、『一字般若』などである。『般若心経』は第三期か、あるいはこの時期にはいるかもしれない。以上が般若経の展開の歴史的外観である。

しかし、この枠組みの他に、仏教思想史からみた「般若経」という特殊性も考慮する必要がある。大乗仏教運動の高まりとともにさまざまな思想が抬頭すると、「般若経」もそれらのテーマを巧妙に借りながら、自らの中に「般若経」としてそれを表現していった。三枝充悳［1983 : 95ff］は、この般若経の増広・発展の経緯を次のように論評している。

大乗仏教の内部に、あるいはその尖端に、それまで眼につかなかった新しい思想が芽生えると、みずから「般若経」の名称を冠してひとつの新しい経典が成立してきている。このことは従来どの研究者からもまったく指摘されていないとはいえ、「般若経」という名称そのもの、またそれのもつイメージを知るためには、ある種の重大な意義をはらんでいると思われる。その好例が、たとえば『理趣〔般若〕経』であって、大乗仏教の中に育てられ、やがては後期大乗仏教の中心を占める密教を、この経が説き示している。換言すれば、密教（正確には「純密」）といういわば新仏教を、『理趣〔般若〕経』として世に問うた、と評されよう。

このように、ある時期には新しい思想を編入する際に「般若経」の名が冠に用いられたのであろう。それは仏智を標榜する般若教団のスローガンであったのかもしれない。特にその傾向が著しいのは、後期の般若経典、それも大部分は密教系の般若経典である。「般若経」はこれらの経典をすべて取り込みながら、智慧の経典として提示していったのである。

智慧であるプラジュニャー（般若）はブッダを生ずる拠り所、すなわち「仏の産みの親」である。したがって、すべての仏たちの母であり、かつ女性名詞であるがゆえに「仏母」といわれる。釈尊の母マーヤーがブッダを生んだのと同じく、この仏母プラジュニャーが衆生を悟りに導くのである。密教の文献が次々に登場する時代には、この認識――仏母としての般若――のもとで多くの新しい教えが包括されていったのであろう。

（3）般若経の種類と系統

現在、般若経典は密教系の儀軌などを含めて、四〇種類ほど確認されている。そのうち漢訳されたものだけでも四二種を数え、種々のサンスクリット本やチベット語訳本（三六種）がこれに加わる。この膨大な文献群を内容別に分類すると、四八頁表の一九種になる。これらのうち重要なものとして、（1）小品系、（2）大品系、（3）『十万頌般若』があり、一般的に「般若経」という場合はこれらをいうことが多い。成立の順序は（1）から（2）へ、（2）から（3）へと増広してゆくが、必ずしも直線的な展開ではない。個々の経典はそれぞれ独自に発展し、また相互に影響を与え続けていったし、同じグループでも成立の新古は甚だしい。特に漢訳の成立年代はそれが著しいが、総じてサンスクリット刊本とチベット語訳は新しい形態をとどめている。般若経の中心的思想はおおよそこの中に含まれているので、本章ではこれを基本的般若経と称し、この系統を中心に解説する。なお、E・コンゼはこれらを〔拡〕大般若経（The Large Sūtra）と呼び、（4）『金剛般若』や（5）『文殊般若』などを短縮形（Abbreviations）と呼んで区別する。

次にこれら多くのテーマをもつ基礎的般若経に対して、（4）『金剛般若経』から（10）『開覚自性般若経』までは、特定のテーマを強調している独自の般若経なので、ここでは仮に「発展的般若経」と区別した。このうち『金剛般若経』は単独の経典としては最も広く流行した般若経の一つであり、東アジアでは禅と関係が深く、（6）『般若心経』と並んで広く流通している。（7）『善勇猛般若経』は六波羅蜜経としては、最後の第六「智慧波羅蜜経」に相当する。

以上の主たる般若経に対して、（11）から（17）は密教化された般若経である。最初の（11）『般若理趣経』は密教の所依の経典であり、（12）はブッタの教えが否定辞「ア」（a）一文字に収斂された究極的な経典である。（17）『百八名般若経』は、般若波羅蜜の特性を一〇八に数え上げたもので、シヴァ神やヴィシュヌ神の功徳を一〇八の名号として讃える

基本的般若経	（1）小品系般若経	『道行般若経』、『小品般若経』、『大明度経』、『摩訶般若鈔経』（部分）、『大般若経・第四会、第五会』、『八千頌般若』（梵、蔵訳）など
	（2）大品系般若経	『放光般若経』、『光讃般若経』、『大品般若経』、『大般若経・第二会、第三会』、『一万八千頌般若』（梵、蔵訳）、『二万五千頌般若』（梵、蔵訳）など
	（3）『十万頌般若』	『大般若経・初会』、『十万頌般若』（梵、蔵訳）
発展的般若経	（4）『金剛般若経』	梵、蔵訳の他、『能断金剛般若波羅蜜経』など漢訳八種
	（5）『文殊般若経』	梵、蔵訳の他、曼陀羅仙訳と僧伽婆羅訳と玄奘訳の漢訳三種
	（6）『般若心経』	小本、大本（梵、蔵訳）の他、玄奘訳など漢訳八種
	（7）『善勇猛般若経』	梵、蔵訳の他、玄奘訳の漢訳一種
	（8）『濡首般若経』	宋の翔公訳と玄奘訳の漢訳二種のみ

(9)『勝天王般若経』	月婆首那訳と玄奘訳の漢訳二種のみ
(10)『開覚自性般若経』	惟浄等による漢訳一種
(11)『般若理趣経』	梵、蔵訳の他、金剛智訳、不空訳など数種の漢訳類本あり
(12)『一字般若経』	蔵訳のみ
(13)『帝釈般若経』	梵、蔵訳の他、漢訳は施護訳『帝釈般若波羅蜜多心経』
(14)『小字般若経』	梵・蔵訳と天息災の漢訳一種
(15)『日蔵般若経』	蔵訳のみ
(16)『月蔵般若経』	蔵訳のみ
(17)『百八名般若経』	蔵訳と漢訳（施護訳）『聖八千頌般若波羅蜜多一百八名真実円義陀羅尼経』
(18)『仁王般若経』	羅什訳『仁王般若波羅蜜経』と不空訳『仁王護国般若波羅蜜多経』の漢訳二種のみ
(19)『大般若波羅蜜多経』	玄奘による漢訳、十六会、六〇〇巻

密教的般若経

ヒンドゥー教の聖典類と同様の性格を有する。

最後に(18)『仁王般若経』と(19)『大般若波羅蜜多経』であるが、前者は我が国では護国経典として重視されたが、中国で編纂された可能性が高い。後者は一六種の般若経典を集めた般若経の叢書であり、最大の仏教経典として知られる。玄奘により訳され、全体で六〇〇巻からなる。前者は仁王会、後者は大般若会の際の読誦経典として、漢字文化圏で最も流通した。

(4) 般若経の構成——般若経を形成する二つの骨格

般若経の形成過程を検討する場合、その教理と構成という二つの骨格から考察する必要がある。〈教理〉の場合には特定の思想や概念が、どのように形成され、発達していったのかを、小品系と大品系に代表される基礎的般若経の記述を比較対照させながら検討する方法が有効である。後述するように、般若波羅蜜や三智といった智慧の分析や、三乗思想の確立などはまさに効果的である。

一方、〈構成〉から検討する場合は、各経典を対応する章別に概略して検討する方法であり、椎尾辨匡、梶芳光運、山田龍城、干潟龍祥など、これまでの多くの研究者が採用してきた。従来はこの二つの骨格が必ずしも十分に意識されて検討されていなかった。それは般若経があまりに大規模な資料であるため、総合的に検討するのが困難だったからである。

現在もその状況に変わりはないのだが、近年の断片的な研究の積み重ねによって、次第に般若経が形成される状況が解明されつつある。筆者の見解では、般若経の中心となるのは、一般的に述べられる空思想ではなく、般若波羅蜜と菩薩思想であり、三智も、三乗思想、修道論もみなこれに尽きる。空思想ももちろんその一環で説かれるのである。

しかし、いずれにしてもその中心となるのは、小品系と大品系の比較、なかんずく［1］最古の完本資料である『道行般若』と『放光般若』、［2］同じ羅什訳である『小品般若』と『大品般若』の比較、あるいは［3］梵文資料である『八千頌般若』と『二万五千頌般若』を比較する方法である。

そこでまず始めに、その代表的な小品系（道行系）般若と大品系（放光系）般若の構成を比較しながら解説しておきたい。ここでは小品系の最古の翻訳である支婁迦讖（Lokakṣema）訳『道行般若』（T8, No.224 七九～一八〇年訳）と大品系の最古の翻訳である無羅叉（Mokṣala）訳『放光般若』（T8, No.221 二九一年訳）を用い、その発展形態を鳥瞰しておく。梶芳光運や鈴木廣隆らによる近年の研究から、二つの般若経の構造を示すと以下のようになる。

・『道行経』と『放光経』の構造による比較

まず、道行系の「道行品第一」から「不可盡品第二六」までの成立が、初期の般若経である。特に「道行品第一」と「難問品第二」は最初期の般若経で、梶芳光運［1980］によって原始般若経といわれた部分である。次いで「功徳品第三」から「累教品第二五」が第二期の発展段階に成立した部分である。

そもそも現在の『道行般若経』には結章が二つある。第一は「不可盡品」の前の「累教品第二五」であり、第二は最後の「囑累品第三〇」である。それは本経の段階的成立を示すもので、最初の「累教品第二五」で第一段階の経典が終わっていたのである。ただし、「累教品」と「不可盡品」は内容上一体となっているため、道行経の成立の際に分化したと考えられる。

その直後の「随品第二七」は、別行に流布していた「薩陀波倫菩薩品第二八」及び「曇

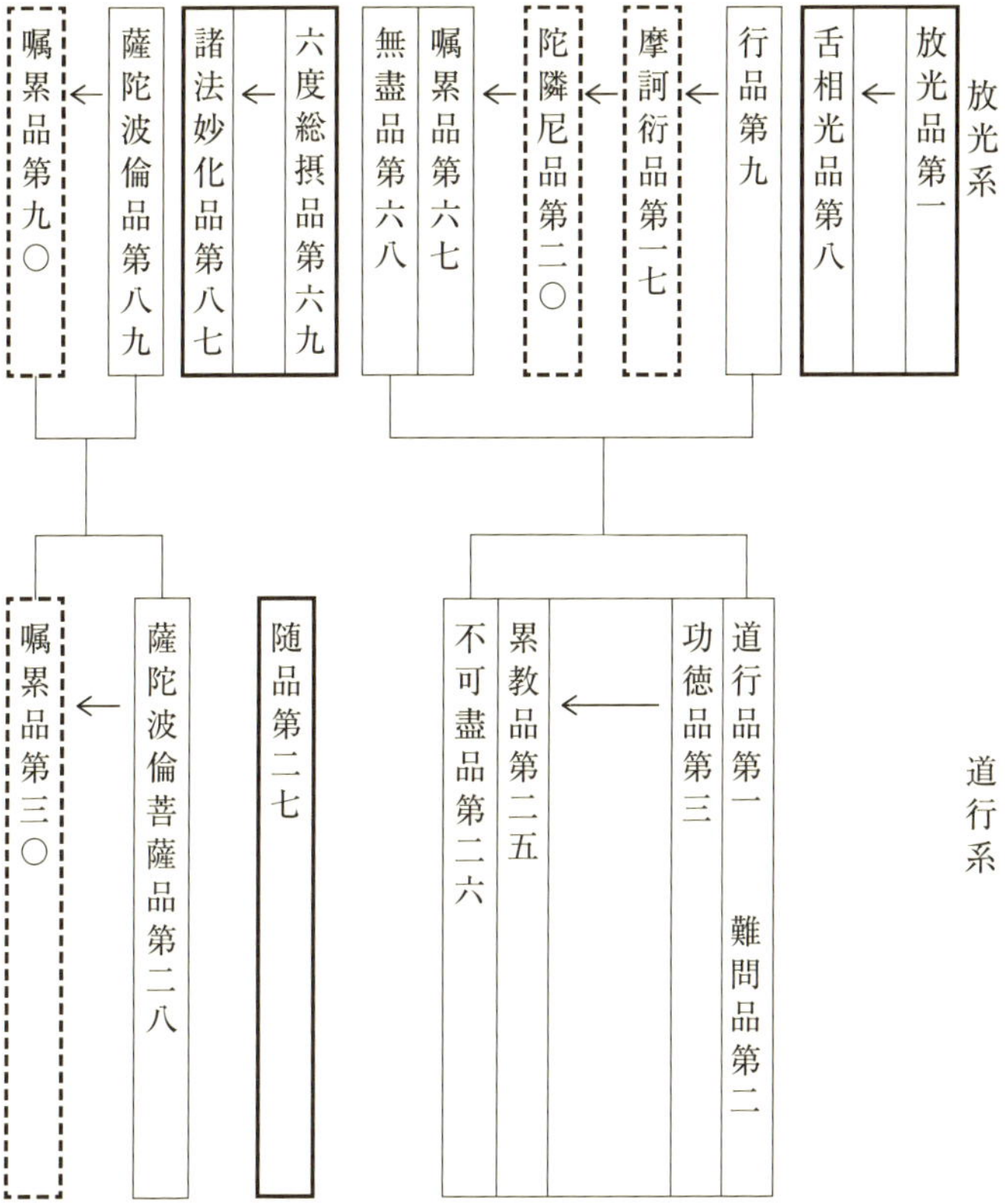
放光系
放光品第一
舌相光品第八
行品第九
摩訶衍品第一七
陀隣尼品第二〇
囑累品第六七
無盡品第六八
六度総摂品第六九
諸法妙化品第八七
薩陀波倫品第八九
囑累品第九〇
道行系
道行品第一
難問品第二
功徳品第三
累教品第二五
不可盡品第二六
随品第二七
薩陀波倫菩薩品第二八
囑累品第三〇

無喝菩薩品第二九」が第一段階の『道行経』に付加された際、経典の連続を保持するために加えられた章である。そして、最後の「嘱累品第三〇」が末尾に付され、現在の経典の形態を整えたわけである。

一方、放光系は『道行経』を基礎にして増広された。まず、最初の「放光品第一」から「舌相光品第八」までが新たに加えられた。ついで、「行品第九」から「嘱累品第六七」及び「無盡品第六八」の間に「摩訶衍品第一七」から「陀隣尼品第二〇」までが増広された。ここでは、大乗とは何かを新たに定義する様々な教理を述べる。さらに、「六度総摂品第六九」から「諸法妙化品第八七」が増広され、「薩陀波倫菩薩品第八九」との間で教理の深化が行われた。そして最後に『道行経』と同様に、「嘱累品第九〇」が据えられたのである。

・『大般若波羅蜜多経』の構成比較

さらに、その〈構成〉から総合的に分析する場合、[4] 玄奘訳『大般若経』による比較研究も有効である。同じ訳者の経典の内部から発展の状況を比較できるからである。そこで以下には他の基本的般若経との比較を考慮するために、玄奘訳の『大般若経・初会』

〜『第五会』までを対照させた表を用いる。ただし、玄奘訳は六六三年と訳出年代が比較的遅いため、他の資料も合わせて補いながら考察するつもりである。

この五会の成立順序は五会の数字の順と逆になる。『第四会』・『第五会』が最初の小品系に相当し、『第二会』・『第三会』が大品系、さらに最大の『初会』という順に発達した。したがって、最初の成立という意味で、『第四会』『第五会』を分析の基準とすると、これらにはおおよそ三段階の発達が考えられる。

【第一段階】最初の成立は、梶芳光運が原始般若経と構想した箇所に相当する部分である。原始般若経というのは、『第四会』でいうと「妙行品第一」、『第五会』では「善現品第一」の部分である。これは『初会』「縁起分第一〜浄道品第二一」、『第二会』「縁起品第一〜遠離品第二四」、『第三会』では「縁起品第一〜善現品第三」に相当する。ただし、『初会』から『第三会』まではすでに増広があり、実質的には『初会』は「教誡教授品第七〜浄道品第二一」、『第二会』は「善現品第六〜遠離品第二四」、『第三会』は「善現品第三」からが原始般若経の内容になる（梶芳光運［1980 : 512-513, 568-727］）。

この箇所は、それぞれの経題に取り上げられるように、経典の制作意図を示すもので、般若波羅蜜にもとづく大乗の実践を説く章である。たとえば、小品系で見ると、『道行般

大般若経五会章別対照表

初会	大正頁	第二会	大正頁	第三会	大正頁	第四会	大正頁	第五会	大正頁	現観
1 縁起	1b	1 縁起	1b	1 縁起	427b	1 妙行	763b	1 善現	865c	Chap.1
2 学観	11c	2 歓喜	7a	2 舎利子	429b	Missing		Missing		
〃	17b	3 歓照	11b	〃	433b	Missing		Missing		
3 相応	20c	〃	13b	〃	435a	Missing		Missing		
4 転生	37b	〃	18a	〃	439a	Missing		Missing		
5 讃勝徳	50c	4 無等々	27a	〃	445c	Missing		Missing		
6 現舌相	53b	5 舌根相	28a	〃	446b	Missing		Missing		
7 教誡教授	56a	6 善現	28c	3 善現	446c	(1 妙行)	763b	(1 善現)	865c	
8 勧学	199c	7 入離生	43a	〃	454c	〃	763c	〃	866a	
9 無住	203a	8 勝軍	45b	〃	457a	〃	764a	〃	866a	
10 般若行相	210a	〃	49a	〃	460c	〃	764c	〃	866c	
〃	212c	9 行相	49c	〃	461b	〃	765a	〃	867a	
11 譬喩	234a	10 幻喩	53a	〃	464a	〃	766a	〃	867c	
12 菩薩	255c	11 譬喩	57b	〃	466b	〃	766b	〃	868a	
13 摩訶薩	263a	〃	60a	〃	469a	〃	766b	〃	868a	
〃	264b	12 断諸見	61a	〃	467a	〃	766b	〃	868a	
〃	267c	13 到彼岸	62a	〃	471a	〃	766c	〃	868b	
〃	274a	14 乗大乗	67b	〃	474c	〃	766c	〃	868b	
14 大乗鎧	276c	15 無縛解	68b	〃	475b	〃	766c	〃	868b	
15 辨大乗	290a	16 三摩地	72c	〃	479c	〃	767a	〃	868c	
〃	297b	17 念住等	77c	〃	484c	〃	767a	〃	868c	
〃	303a	18 修治地	82b	〃	490b	〃	767b	〃	868c	
〃	309b	19 出住	88c	〃	497b	〃	767b	〃	868c	
16 讃大乗	318c	20 超勝	94a	〃	505b	〃	767b	〃	868c	
〃	322c	21 無所有	97b	〃	508b	〃	767b	〃	868c	
17 随順	343b	22 随順	110a	〃	519c	〃	767b	〃	869a	
18 無所得	344c	23 無辺際	110c	〃	521a	〃	767c	〃	869a	
19 勧行	396a	〃	123c	〃	530c	〃	768a	〃	869c	
〃	403c	24 遠離	126b	〃	531a	Missing		Missing		
20 無生	418a	〃	128b	〃	532a	(1 妙行)	768a	(1 善現)	869b	
21 浄道	424a	〃	130b	〃	533c	Missing		Missing		
〃	426c	〃	131b	〃	535b	(1 妙行)	769a	(1 善現)	870a	
22 天帝	431a	25 帝釈	133c	4 天帝	536b	2 帝釈	769c	2 天帝	870a	Chap.2
23 諸天子	454b	〃	138b	〃	540b	〃	770b	〃	870c	
〃	457b	26 信受	139c	〃	541a	〃	770c	〃	871a	
24 受教	458c	〃	140a	〃	541b	〃	771a	〃	871a	
25 散花	471a	27 散花	141a	〃	543a	〃	771a	〃	871a	
26 学般若	478b	〃	141b	〃	543b	〃	771b	〃	871b	
27 求般若	497b	〃	142c	〃	544c	〃	771c	〃	871b	
28 歎衆徳	542c	〃	144c	〃	545a	〃	771c	〃	871c	
29 摂受	550a	28 授記	145c	5 現窣堵波	546a	〃	772b	3 窣堵波	872b	
〃	552c	〃	146b	〃	546c	3 供養窣堵波	772c	〃	872b	
〃	557b	29 摂受	147b	〃	548a	〃	773a	〃	873a	
〃	568a	30 窣堵波	150c	〃	551a	〃	774a	〃	873a	
30 校量功徳	570c	〃	152a	〃	552a	〃	775c	〃	873b	
〃	578a	31 福生	155a	6 称揚功徳	555a	〃	775c	〃	874c	
〃	579b	32 功徳	155c	〃	555c	〃	777b	4 神呪	874c	
〃	583c	33 外道	157a	〃	557a	〃	778b	〃	875b	
〃	585a	34 天来	168a	〃	558a	〃	778c	〃	875c	
〃	695c	35 設利羅	161c	7 設利羅	561a	4 称揚功徳	781b	5 設利羅	877c	
〃	704a	〃	164b	8 福衆	563c	〃	782c	〃	878b	
〃	708c	〃	165b	〃	565a	5 福門	783a	〃	878c	
〃	709c	36 経文	166a	〃	566a	〃	783c	6 経典	879a	
31 随喜廻向	906c	37 随喜廻向	174b	9 随喜廻向	570c	6 随喜廻向	790c	7 廻向	880b	
32 讃般若	924c	38 大師	182a	10 地獄	576b	7 地獄	798c	8 地獄	883b	
33 謗般若	975a	39 地獄	186c	〃	578c	〃	800a	〃	884a	
34 難信解	v979a	〃	189c	〃	581a	8 清浄	801c	〃	886a	
35 讃清浄	vi448a	40 清浄	192c	11 歎浄	582b	〃	802a	9 清浄	885b	
36 著不著相	461b	〃	195c	〃	583b	〃	802b	〃	885c	Chap.3
〃	468a	41 無標幟	196c	〃	584c	〃	803a	〃	886a	
37 説般若相	484a	〃	199a	〃	586b	〃	804a	〃	886c	
〃	484b	〃	199b	〃	586b	9 讃歎	804a	〃	886c	
〃	504b	〃	200b	12 讃徳	587a	〃	804b	〃	886c	

初会	大正頁	第二会	大正頁	第三会	大正頁	第四会	大正頁	第五会	大正頁	現観
38 波羅蜜多	506c	42 不可得	202a	〃	588b	〃	805a	〃	887a	Chap.4
39 難聞功徳	509c	43 東北方	204a	13 陀羅尼	589b	10 総持	805b	10 不思議	887c	
40 魔事	541a	44 魔事	215c	14 魔事	596a	11 魔事	810a	11 魔事	890c	
〃	546b	45 不和合	218b	〃	598a	〃	811c	〃	891c	
〃	551b	〃	223b	〃	601a	〃	814a	12 真如	892c	
41 仏母	552c	46 仏母	224c	15 現世間	601c	12 現世間	814b	〃	893a	
〃	558c	47 示相	230a	〃	604c	〃	817b	13 甚深相	894b	
42 不思議等	571a	〃	235b	16 不思議等	607a	13 不思議等	818a	〃	895b	
43 辦事	580b	48 成辦	237b	17 譬喩	608b	14 譬喩	818b	〃	896a	
44 衆喩	586b	〃	239b	〃	609b	〃	819b	〃	896b	
〃	589c	49 船等喩	240c	〃	610b	〃	819c	14 船等喩	896c	
45 真善友	597a	50 初業	244a	18 善友	613a	15 天讃	820c	15 如来	897a	
46 趣智	614b	51 調伏貪等	249c	〃	616c	〃	822a	〃	898a	
47 真如	624a	52 真如	250c	19 真如	618c	〃	823a	〃	898c	
〃	638c	〃	252c	〃	619b	16 真如	823a	〃	898c	
48 菩薩住	657a	〃	258c	〃	623b	〃	825c	〃	900c	
49 不退転	662b	53 不退転	260b	20 不退転	625c	17 不退相	825c	16 不退	900c	
〃	671a	54 転不転	264a	〃	629c	〃	827b	〃	901c	
50 巧方便	677b	55 甚深義	268c	21 空相	634c	18 空相	829a	17 貪行	903a	
〃	690a	〃	272c	〃	639a	19 深功徳	831a	〃	904c	
〃	691b	56 夢行	274a	〃	640a	〃	831c	〃	905b	
51 願行	692a	57 願行	275a	〃	642a	〃	832c	〃	906a	
52 芸伽天	697c	58 芸伽天	278b	22 芸伽天	644c	20 芸伽天	833b	18 姉妹	906c	
53 善学	698b	59 習近	279b	23 巧便	645b	21 覚魔事	834a	〃	907a	
〃	702c	60 増上慢	283a	〃	649a	〃	836a	19 夢行	908b	Chap.5
〃	707c	〃	287a	〃	652a	22 善友	839b	20 勝意楽	910b	
54 断分別	717c	〃	290c	〃	655b	〃	841b	〃	911b	
55 巧便学	716c	61 同学	293b	〃	657c	23 天主	842c	〃	912a	
〃	729c	〃	295a	〃	659b	24 無雑無異	843c	21 修学	912b	
〃	732c	62 同性	298a	24 学時	662b	25 迅速	846a	〃	913b	
〃	750b	〃	300a	〃	663c	〃	847c	22 根栽	913c	
56 願喩	752a	63 無分別	301b	25 見不動	666a	26 幻喩	848c	〃	914b	
57 堅等讃	758a	64 堅非堅	305a	〃	669b	27 堅固	851a	〃	915c	
〃	777c	〃	309b	〃	673a	〃	853c	23 付嘱	916c	
58 嘱累	778c	65 実語	310a	〃	673a	〃	854b	〃	917a	
〃	779c	〃	311a	〃	674c	28 散華	854c	〃	917b	
〃	783c	〃	313c	〃	676c	〃	857a	24 見不動仏	918c	
59 無尽	785a	66 無尽	315a	26 善巧方便	678a	(29 〃	857c	〃	919b	
60 相引摂	791c	67 相摂	316c	〃	679a	[29 随順]	859c-865a	×		
61 多問不二	803a	68 巧便	322b	〃	683c	Missing		Missing		
62 実説	873c	69 樹喩	339c	〃	697a	Missing		Missing		
63 巧便行	882c	70 菩薩行	343b	〃	699c	Missing		Missing		
〃	887a	71 親近	345a	〃	701a	Missing		Missing		
64 遍学道	889b	72 遍学	346c	27 慧到彼岸	702a	Missing		Missing		
65 三漸次	917b	73 三漸次	353b	28 妙相	707c	Missing		Missing		Chap.6
66 無相無得	926b	74 無相	358b	〃	712a	Missing		Missing		Chap.7
67 無雑法義	951c	75 無雑	364a	〃	716c	Missing		Missing		
68 諸功徳相	958b	76 衆徳相	369b	〃	720a	Missing		Missing		Chap.8
69 諸法平等	982a	77 善達	384b	29 施等	730b	Missing		Missing		
70 不可動	996c	78 実際	394b	〃	735a	Missing		Missing		
71 成熟有情	1020a	79 無闕	402c	〃	742a	Missing		Missing		
72 厳浄浄土	1032a	80 道士	409b	30 仏国	748b	Missing		Missing		
73 浄土方便	1038c	81 正定	414c	31 宣化	751b	Missing		Missing		
74 無性自性	1044a	82 仏法	418a	〃	755a	Missing		Missing		
〃	1046a	83 無事	420a	〃	756b	Missing		Missing		
75 勝義瑜伽	1049a	84 実説	422a	〃	758b	Missing		Missing		
76 無動法性	1057c	85 空性	425b	〃	760c-761b	Missing		Missing		
77 常啼菩薩	1059a	×		×		×		×		
78 法涌菩薩	1067b	×		×		×		×		
79 結勧	1078a-b	×		×		×		×		

若経』では「道行品」、『大明度経』では「行品」、『摩訶般若鈔経』では「道行品」、『大般若経・第四会』は「妙行品」、サンスクリット本では sarvākārajñatā-caryā-parivarta（「あらゆる形相についての智慧への実践」という章）、チベット語訳でも rnam pa thams cad mkhyen pa nyid kyi spyod pa'i le'u とするごとくである。

この原始般若経に相当する分量は、全体からみると一割にも満たない簡単なものである。大般若経の『第四会』は一八巻二九品（大正蔵約一〇三頁分）、『第五会』は一〇巻二四品（大正蔵約五五頁分）であるから、各経典全体に占める割合は、品別に言うとそれぞれ二九分の一、二四分の一であり、頁数で言うと五〜六頁に過ぎない。しかし、この原初的部分は、大品系にいたって飛躍的に拡大している。単純にその分量をみると、約二〇倍ほどに増広されているし、内容からしても『大品般若経』でいうところの三智を説く「三仮品」「句義品」、大乗の法相を併記して解説する「乗乗品」「問乗品」などが含まれ、四顚倒説、百八三昧、共・不共の十地、十八空といった、ほとんどの主要な教理はここに見られる。つまり、この小品系の原初的部分が大品系に展開する過程で、基本的な思想の確立が行われたといえるのである。

【第二段階】第二の増広期は、「原始般若経」に続く箇所、すなわち『第四会』「帝釈品

第二」から結章（随順品第二九）までである。ここにおいて、仏塔崇拝、誓願と授記、随喜廻向といった小品系般若経の教理の中心部が完成されたといってよい。

この箇所に対応する最後の章を見ると、『第四会』は「堅固品第二七・散華品第二八・随順品第二九」と続く。『第五会』は「付嘱品第二三・見不動仏品第二四」である。一方、他の小品系では、『道行』「累教品第二五」、『大明度経』「累教品第二五」、『小品』「嘱累品第二四・見阿閦品第二五」、大品系も『放光』「嘱累品第六七」、『大品』「累教品第六五」、『初会』「嘱累品第五八」などのように、おおむね明確に一つの終章を示している。ここで指摘しておきたいのは、いずれも内容上、嘱累品の中、あるいは後に阿閦仏（不動仏）に言及する章が存在することである。この事実は、般若経の増広に、先行する阿閦仏信仰が影響を与えていたことを示している。

【第三段階】次に第三の付加として、『初会』の第七七～七九「常啼菩薩・法涌菩薩・結勧」までの第三の終章の部分がある。ただし、大品系の漢訳ばかりでなく、『道行』をはじめとして、すべての小品系漢訳諸本や、サンスクリット本、チベット語訳にも含まれるため、付加された時代は、かなり古い時代までたどることができる。むしろ、『大般若』第二会～第五会までが、共通してこの説話を含んでいないのは、経文の一貫性から除去したのかもしれない。

最後に般若経の梵本の構成についてみると、梵本では各章は「現観」(abhisamaya)によって区分されている。このアビサマヤ(abhisamaya)というのは、現観するという動詞から作られた名詞であるが、一般的には「さとり」を指し、初期の仏教ではブッダの悟りの場面を表現するものである。

その中でも、『ブッダヴァンサ』(*Buddhavaṃsa* 仏種姓経)ではブッダの説法が、「第一の現観」(paṭhama-abhisamaya)、「第二の現観」(dutiya-abhisamaya)、「第三の現観」(tatiya-abhisamaya)というように、多くの対告衆を「現観させた(悟らせた)」というように用いられる。つまり、ブッダの説法によって、衆生が悟りに至ったという事績を明確にあらわすために、その会座を現観といったのである。

その用法は大乗に継承され、般若経の註釈である『現観荘厳論』(*abhisamayālaṃkāra*)に見られるように、智慧の種類、あるいはその展開として用いられ、ブッダの教えが次第に高次の智慧として開示されるという規範が形成されたのである。さらにその註釈対象である般若経にその規範が適応され、本文の内容を区分するために章の代用として「現観」が細分化され、テクスト中に挿入されるという自体にもなったわけである。

なお、仏教の教判として大乗仏教では、ブッダが悟りを開いた後、ベナレスの鹿野苑にて四諦の教えを説いたという第一の転法輪（初転法輪）、ついでラージギル（王舎城）で『般若経』を説いたという第二の転法輪、さらにヴァイシャーリーで『解深密経』を説いたという、三時の教判が知られている。これは第一が小乗、第二が大乗・中観、第三が大乗・唯識の思想であるとする、後代の唯識の立場に基づいた学説であるが、インドやチベットの教判としては有力なものとして知られている。この序数で示される転法輪という区分方法も『ブッダヴァンサ』でいう序数の現観と近似するものである。

（5）第二の転法輪

般若経がもつ主要な考え方に、大乗の興起を表現する第二の転法輪という思想がある。転法輪とは言うまでもなく、「教え（法）の輪を転ずること」で、ブッダの説法をさす。特にブダガヤで成道したのち、サールナートで初めて教えを説いたことを〈初転法輪〉と呼ぶのに対し、般若経では自らの教説、すなわち大乗の教えとしての般若波羅蜜を説いたことを〈第二の転法輪〉と呼んで区別している。このことを、『八千頌般若』から引用してみたい。

そのとき、何千何万という神々が空中で〔喜んで〕叫び笑い、衣を振って、〝実にジャンブドゥヴィーパ〔閻浮提〕において、二度目に教えの輪が回転されるのを見る〟といった。しかし、その時世尊は上座のスブーティ長老に向かって仰せられた。〝スブーティよ、これは二度目の教えの輪の回転でもないし、また教えというものには、それを転じ始めることも、転じやめることもありはしないのである。スブーティよ、このようなものが菩薩摩訶薩の般若波羅蜜なのである〟。

このように言われたとき、スブーティ長老は世尊に次のように申し上げた。……〝それはなぜかというと、認識されるようないかなる教えもなく、指摘されるどのような教えもなく、誰もいかなる教えも転じ始めないでしょう。それはなぜかというと、世尊よ、すべてのものは決して生起することなく、だれもいかなるものを滅せしめることもないからです。それはなぜかというと、世尊よ、すべてのものは本質的に離脱しているから、ものはすべて本来生起していないからです〟。（Wogihara [1973 : 442]）

ここでスブーティが述べるように、すべてのものは「決して生起しない」(atyantānabhinirvṛttā)、どのようなものも「滅せしめることがない」(na .... nivartayiṣyati)、「本質的に離脱しているから(prakṛtiviviktatvāt)、ものはすべて本来生起していない(ādyanabhinirvṛttā)」。これらの語句こそ空の同義語として重視される。つまり、第二の転法輪とは般若波羅蜜を説くことであるが、その内実はこのような空の教えを言うのである。

またこの箇所に対応する『二万五千頌般若』では、第二の転法輪の教え(般若波羅蜜)を聞いた無量百千の天子が、「無生法忍を得た」(anutpattikeṣu dharmeṣu kṣāntim pratilabhante)(PV3, Kimura [1986：184, *ll*.15-20])とこの文脈に書き加えている点にも注目すべきである。

この語(無生法忍、あるいは、無所従生法忍)は、「ものは生ずることがないという真理の受容」であるが、不退転菩薩はこの無生の真理を受容してから悟入するのである。玄奘はこれを「無生法忍」と訳すが、小品系の『道行』や『大明度』といった古い翻訳ではこれを「無所従生法楽」、『小品』や『仏母出生』では「無生法忍」と訳し、大品系の『放光』、『光讃』、『大品』になると般若経の重要な思想として頻出する。

また、『二万五千頌般若』では、第一の転法輪も第二の転法輪も転じていない理由を

「非存在を自性とする空性によって」(abhāvasvabhāvaśūnyatām upādāya) とするが、これも『八千頌般若』には見られなかった空性表現である。『大般若波羅蜜多経』ではこの語を「無性自性空」と共通して訳している。この「非存在を自性とする」という語(abhāvasvabhāva) は自性を欠いていると理解されるが、無自性 (asvabhāva, niḥsvabhāva) よりも、無を実体視した概念と見られ、玄奘はしばしば「無性為性」と訳す。

その意味は「無性を性と為す」(abhāva-svabhāva) というもので、『八千頌般若』第一二章で心性本浄を説く際、「スブーティよ、それらの心は本性として解脱しているのであり、非存在を本性としている」(svabhāva-vimuktāni subhūte tāni cittāni abhāvasvabhāvāni) (Wogihara [1973 : 552]) とあるように、般若経の中でも無の有を説く概念として発達し、後代の仏教に継承されてゆく。それがこの第二の転法輪で説かれているのである。

また、第二の転法輪は、『法華経』『無量義経』『大乗涅槃経』等の後続する複数の大乗経典にも継承され、新たな思想を宣教する際の説法形式となってゆく。それがさらに瑜伽行派の中で注目され、大乗仏教の転換点と見なされた。四世紀頃に成立した瑜伽行派の根本経典『解深密経』によれば、般若経に説かれる第二の転法輪に、さらに瑜伽行派の教えを第三の転法輪として区別し、そこにおいてブッダの深い教説が示されたと意義づけている。以下に玄奘訳『解深密経』「無自性相品第五」に説かれる転法輪説を引用しておこう（袴谷［1994］，吉村［2013：237-239］参照）。

その時、勝義生菩薩がまたブッダに申し上げた。世尊が初めに、あるとき婆羅痆斯《バラナシ》の仙人堕処施鹿林中にあって、ただ声聞乗に向かって修行する者のために、〈四諦の相〉により、正法の輪を転じた。このことは甚だ奇異にして甚だ希有であるとし、一切の世間諸天人等が以前にこのような教えを転じたことがなかったといっても、その時に説かれた法輪は、まだ完全ではなく未了義であり、諸の諍論が生ずることになる。世尊が昔、第二の〈転法輪の〉中の時、ただ大乗を修めんと修行している者のために、一切法が皆無自性・無生無滅・本来寂静・自性涅槃であることによって、〈隠密の相〉により、正法の輪を転ずる。これは更に甚だしく希有であるといっても、この時に転じられた法輪も、まだ完全ではなく、なお未了義であって、諸の諍論が生ずることになる。

世尊、今この第三の〈転法輪〉中の時、普く一切乗に向かって修行する者のために、一切法の皆無自性・無生無滅・本来寂静・自性涅槃である無自性性によって、〈顕了の相〉により、正法の輪を転じた。これは最も甚だしく奇異であっても希有であるとする。今、世尊の転ずる法輪は、この上なく疑問の余地なく、真の了義であって、もはや諍論が生ずるものではない。

爾時勝義生菩薩復白仏言。世尊。初於一時在婆羅痆斯仙人堕処施鹿林中。惟為発趣声聞乗者。以**四諦相**転正法輪。雖是甚奇甚為希有。一切世間諸天人等先無有能如法転者。而於彼時所転法輪。有上有容是未了義。是諸諍論安足処所。世尊。在昔第二時中惟為発趣修大乗者。依一切法皆無自性無生無滅。本来寂静自性涅槃。以**隠密相**転正法輪。雖更甚奇甚為希有。而於彼時所転法輪。亦是有上有所容受。猶未了義。是諸諍論安足処所。世尊。於今第三時中普為発趣一切乗者。依一切法皆無自性無生無滅。本来寂静自性涅槃無自性性。以**顕了相**転正法輪。第一甚奇最為希有。于今世尊所転法輪。無上無容是真了義。非諸諍論安足処所。世尊。若善男子或善女人於此如来依一切法皆無自性無生無滅。本来寂静自性涅槃。所説甚深了義言教。(『解深密経』T16, 697a23-b11)

上記のように、それぞれブッダの三時の転法輪の対象に、「唯……声聞乗」「唯……大乗」「普……一切乗」という三つの区分が用いられている。また、ここで注意すべきなのは、第二時と第三時で説かれた内容（傍線部）が殆ど同一でありながら、その違いが「無自性性」の有無と「隠密相」・「顕了相」という説示方法の差異に求められているという点である。「無自性性」とは、同じ無自性相品の中に「我は三種無自性性に依りて密意に一切諸法皆無自性を説けり」とあることから三無自性を指していることが分かる。

以上のことを考え合わせると、玄奘訳『第二会』では第二時と第三時の関係が、「第二時において既に一切法の無自性空は説かれたが、その意味は秘匿されており、第三時で三無性説が説かれ、初めてその意味が明瞭となった」という意味が読み取れる。そして、第一時と第二時の教えは未了義であり論争の生ずる余地があるが、第三時の教えは了義であり論争の生じる余地はないともいう。

このように、般若経で説かれた第二の転法輪は、あらたな大乗の提示という意味であったが、さらに瑜伽行派で強調され、自らの主張である唯識の教説こそが第三の転法輪であるとして、段階的な教説の進展を主張する根拠となったのである。

この主張は結果的に般若経の二つの註釈、すなわちナーガールジュナの『中論《ちゅうろん》』と、マイトレーヤの『現観荘厳論《げんかんしょうごんろん》』を経由して、二つの流れを形成してゆくことになる。後代の多くの論書に見られるように、般若経の解釈において、『中論』では顕了の義の解釈を、『現観荘厳論』では隠密の義を解明するという解釈の系統を生じ、これに了義・未了義の解釈と絡めたインド・チベット仏教の教相判釈という呈をなして、それぞれの学派がその意味を分析していったのである。

以上のように、般若経は自らの般若波羅蜜の教説を大胆にも第二の転法輪と呼び、大乗の教説を鼓吹した。この転法輪の再解釈を契機として、後代の仏教がさらに自らの思想解釈をこの転法輪に反映させて主張することを可能にした。このことも仏教史の中で般若経が果たした重要な役割である。

(6) 法滅と授記

もう一つ、法滅《ほうめつ》と授記《じゅき》は、般若経を中心とする初期大乗仏経典の基軸となっている。つまり、この二つの教説こそが、大乗仏教の骨格であると言ってもよい。このうち、法滅思想とは「ブッダの説かれた正しい教え自体も〈無常〉の例外でなく、その伝統はやがて滅してゆく」という悲観的な仏教史観であり、授記とは「面前のブッダが修行者に対し、〈未来の世において必ず仏となること〉を予言し、保証を与えること」である。

従来この二つは、発生も展開も別々に議論されているが、初期大乗経典による限り、しばしば同じ文脈で説かれており、一つの意図を持って結びつけられていると考えられる。実際、この二つの思想が大乗仏教の成立に不可分であり、定型的な表現となっていることが、多くの大乗経典の中に指摘できる。さらにこの一体となった定型的表現は、大乗経典以前には説かれていなかったことを考えれば、この表現が大乗経典の成立にとって最も有効な手だてとなっていると想定できる。この思想をいち早く定型的な表現で確立した般若経典の中で実際に確認しておきたい。

世尊よ。この法門が説かれるとき、それを了解し、それに信をおくことは、私にとっては難しいことではありません。しかし、世尊よ、将来、後の機会、後の時代において、正しい教えが滅びるような後〔の五百年代に〕になったとき、世尊よ、ある人々が、この法門を取り上げ、記憶し、読誦し、理解して、他の人々のために詳しく説き明かすならば、かれらは最高にすばらしい状態を備えたものとなるでしょう。

（『金剛般若経』第一四節）（Conze [1974b : 40, *ll.*1-8]）

まず、ここでいう「法滅」とは正法滅尽（*saddharma-vipralopa*）とも言われ、文字通り正しい教えが滅することである。これは初期仏教から大乗経典に至るまで、一貫して説かれているが、初期経典では、それは仏教徒の信仰態度とだけ関係している。教団を構成する四衆が怠惰で、開祖である仏・その教えである法・教えを守って修行する修行者（僧）の三宝などを敬わなければ、正法は滅びて像法が栄えるが、敬って生活するならば正法は滅びないと言われているからである。それに対して、右の『金剛般若経』のように、初期の大乗経典では、ブッダの入滅した後、〔五百年たって〕その教え（正しい教え）が消滅してしまうという、仏教の存続を危ぶむ表現となっている。

しかし、大乗の法滅思想の真の意味は、その直後に説かれる「正法がまさに滅びつつある時であれ、善い行いを積む菩薩は残っている」ということである。ここでは、正法とはブッダの釈尊の教えであり、その入滅後はその教えも次第に衰える。しかし、その代わりとして、新しい正法（大乗仏教）が説かれ、それを行う菩薩が存在すると説く。その菩薩たちは、智慧によって善根を積む。その智慧の源が般若経典というわけである。こうして般若経典では、法滅思想と大乗仏教の確立が、密接に関わって説明される（渡辺［2011］［2018］）。

次に「授記」であるが、これも初期経典から存在する概念で、三宝などを重んじる仏弟子は、自分の運命を自由に定めることができるとされている。大乗経典でも、この思想は受け継がれるが、「法滅」と同様に、般若経典では三宝への尊崇はそれほど重視されない。重要なのは「釈尊から伝えられた法（小乗仏教）の伝達」ではなく、「新しく解釈された正法（大乗仏教）の伝達」という解釈である。

また、般若経典ではこの経典に基づいた智慧によって善根を積む菩薩を、過去の無数の善根によって、今世で正法（般若経典）を聴くことができた菩薩とする。これは燃灯仏が前世の釈尊に授記を与えたのと同じように、過去の善因による未来の果という構図を持っている。ただし、般若経典の「授記」の記述は、燃灯仏が前世の釈尊に授記を与えたときの記述と類似しているが、中心は「新たな教え（大乗仏教）を聞くこと」にある。

ここに〈法滅〉思想における「新たな正法の伝達」と、〈授記〉における「過去の善根によって得られた現在の聞法」が、ぴったりと対応する。また〈法滅〉と〈授記〉の構造は、般若経典ばかりでなくそれ以降に続く大乗経典の構造上の基軸となっているように、大乗仏教の確立にとって、極めて重要な意味を持つものなのである。

第四章　般若経の中心思想

(1) 空の思想

・布施と三輪思想

完全な布施を意味する「三輪空寂」という概念がある。これは布施する主体(施者)、布施する相手(受者)、布施するもの(施物)の価値という、三要素に執着しない正しい布施という意味で、〈三輪空寂の布施〉あるいは〈三輪清浄の布施〉などという。この考え方はそもそも般若経のなかで説かれる思想であるが、『百丈清規』や『黄檗清規』などで用いられるように、禅語としても有名である。

その理由は、多くの寺を造り、人を度し、写経や仏像の寄進を行った梁の武帝が、その功徳を菩提達摩に質問したが、菩提達摩はそれに対して「無功徳」と答えたという伝説があるからである。これは『歴代法宝記』の「菩提達摩多羅章」に由来するものであろうが、そもそもの根拠は般若経に基づいているのである。ここでは『二万五千頌般若』を例に取り上げておく。以下は、神々のリーダーであるインドラ神（帝釈天）、別名シャクラ、あるいはカウシカと、世尊の布施をめぐっての問答である。

シャクラは言った。「世尊よ、菩薩摩訶薩はどのように実践し布施波羅蜜を円満にするのでしょうか。……」

世尊は言った。「この世で、カウシカよ、菩薩摩訶薩は布施を行いながら、布施を与える者（dāyaka）を認識しない。布施を受け取る者（pratigrāhaka）を認識しない。布施される者（deya）を認識しない。これが布施波羅蜜と言われるのである。……」

（『二万五千頌般若』PV II, Kimura [1986 : 109.29-110.5]）

このような執着を離れた布施の理念は、まさに空の思想を根拠としているのである。

・空性表現

ところで、般若経は空性について、空・無相・無願という三つの解脱への門の一つとして述べており、ものに実体のないことを瞑想することを推奨していた。この他には、認識されない（anupalabdhi 不可得、無所得）や離脱している（vivikta 遠離、空寂）といった非実在性を示す認識論的な表現で空性が示されていたことも知られている。

確かにこれらの表現は思想的に重要であるが、実は初期の般若経においては、空（śūnya[tā]）の語自体はほとんど用いられず、虚空（ākāśa）、寂滅（vivikta）、幻（māyā）といった比喩的な表現で非実体性を表現していたのである。まだ空という概念化が定着していなかったためである。

しかし、次第に空性表現は発達し、一連の類似の術語を伴って現れる。その特徴的な例を『八千頌般若』と『二万五千頌般若』から例示しておこう。

世尊曰く「スブーティよ、般若波羅蜜を実践する菩薩摩訶薩は、その福徳を作り集めることが空なるものである（śūnyaka）と明らかにされ、実なきものである（riktaka）

と明らかにされ、意義なきもの（tucchaka）と明らかにされ、核心なきもの（asāraka）と明らかにされるのである」。（『八千頌般若』Wogihara [1973 : 706, 6-9]）

スブーティよ、一切諸法は空であり（śūnyāḥ）、実なきものであり（ṛktakāḥ）、意義なきものであり（tucchakā）、核心なきものである（asārakāḥ）。この方法によって、一切のものは無知なものであり（ajānakā）、〔真実を〕見ないものである（apaśyakāḥ）。（『二万五千頌般若』Kimura [1990 : 71, 14-16]）

ここに並記される実なきもの（ṛktaka）、意義なきもの（tucchaka）、核心なきもの（asāraka）は、『稲竿経』（*Śālistambasūtra* 88.14, Poussin [1912]）、あるいは『集菩薩学論』（*Śikṣāsamuccaya* 227.6）に引用されるように、後代の中観系の経論に影響を与えたのである。

【1】スブーティと空性

空を説く初期大乗経典として知られる『維摩経』は十大弟子について言及し、特にスブーティ（須菩提）を解空第一と呼んでいる。それは増一阿含（T2, No.125, 795c）に由来するが、大乗以前にはそれほど大きな役割を果たしているわけではない。

般若経において須菩提はブッダの対論者として、あるいはブッダの代わりに空性を説法する高弟として登場し、須菩提と空性の関連はより強化されている。

たとえば『八千頌般若』第一六章「ものの真相」（tathatā-parivarta）で、スブーティ（須菩提）が世尊に、「すべてのものは認識されない」（sarvadharmānupalambha）という教えを開陳する。その教えに対して、シャクラ（帝釈天）等の神々は、須菩提が如来に似ている（anujāta）とし、その理由として「この上座スブーティ長老は、どんな教えを説くにも、いつでもその教えを空性に関連させて説くからです（yaṃ yam eva … dharmaṃ deśayati taṃ tam eva dharmaṃ śūnyatām ārabhya deśayati）」（Wogihara [1973 : 618, 3]）とされる。

これと同じ言明は、第二五章でもシャクラによって述べられていることから、このような表現から空性を説く須菩提というイメージを強化するようになったのかもしれない。

さらに須菩提は、次のように反論する。

「神々よ、あなたがたは『この上座のスブーティは、如来に似ている（anujāta）』といわれるが、上座のスブーティ（私）は、生まれたものでないからこそ（ajātatvāt）、如来に似ているのです（anujātas … tathāgatasya）。上座のスブーティ（私）は、如来の真相（真如）に追随しているのです。如来の真相は来たらず、去ってもいないが（tathāgata-tathatā 'nāgatāgatā）、ちょうどそのように、スブーティの真相も来たらず、去ってもいないのです。こうして、実にスブーティ長老は如来の真相に追随するのです（tathāgata-tathatām anujātaḥ）。もともと初めから（ādita eva）、スブーティ上座は如来の真相に追随しているのです」。（Wogihara [1973 : 618-619]）

この言明には二つの語源解釈が含まれている。一つは、スブーティ（Subhūti 須菩提）の名前である。これは玄奘によって「善現」と訳されるように、善く（su-）この世界に現れている（bhūti）という意味である。この「現」（bhūti あるいは bhūta）を「生まれている」（jāta）と同義と解しているのであろう。そしてそれを敢えて否定し、「スブーティは生まれたものではない（ajāta 不生）」としたのである。

ここで、「生まれたものでないからこそ（ajātatvāt）如来に似ている（anujāta）」とするのは、anujāta に「〔如来に〕追随している」という意味もあるからである。スブーティは如来に従って現れたものであり、如来に似ているものだからである。

さらに、「如来の真相（本質）は来たらず、去ってもいないが、ちょうどそのように、スブーティの真相（本質）も、来たらず、去ってもいない」とあるが、これは如来の真相とスブーティの真相がまったく同じ一つの真相であることを根拠としている（Wogihara [1973 : 619, 11-14]）。

さらにここには、もう一つの語源解釈による説明がある。如来（tathāgata）の語源解釈には主に tathā-āgata（如来）と tathā-gata（如去）という二つがあるが、最初の tathā（真相）を法性と同義として、その真相には「来たらず」（anāgata 不来）、「去ってもいない」（agata 不去）という二つの過去分詞の否定形で逆説的に解釈するのである。

また、本経第一二章にも「如来は真相をさとったときにはじめて如来といわれる」（tathāgatas tathatām abhisambuddhaḥ saṃs tathāgata ity ucyate）（Wogihara [1973 : 559, 10-11]）というのも、このような不去不来の「真相をさとった」という解釈が基盤となっている。「スブーティがその教えを空性に関係させて説く」といわれるのは、このような不去不来の教説を説くからなのである。

［2］ 空性の熟知と直証——『八千頌般若』「空性」第二〇章より

『八千頌般若』では「巧みな手立て（善巧方便）の考察」第二〇章に、世尊がスブーティ長老に、不退転菩薩の境地を説く教説がある。そこでは、「般若波羅蜜と相応した、意味深い上にも意味深い境地」が空性の呼び名であること、すなわち意味深い（gambhīra 甚深）が空性の呼び名であり、同時に特徴のないこと（無相）、願望を離れること（無願）、作為のないこと（無作）、起こらないこと、生じないこと、非存在、愛着を持たないこと、死滅、涅槃、離れ去ることとの呼び名であることを説く（Wogihara [1973 : 760]）。

また、意味深いということはすべてのものの呼び名であり、五蘊や五蘊の真相もそうであるが、「五蘊でないところ、それが五蘊の意義深さである（gambhīratā）」とも述べる。さらに、空性の実践とその意義について、いくつかの視点から分析する重要な教説が見られる。その第一に、空性を熟知することと、空性を直証することが、般若波羅蜜を追求する菩薩摩訶薩にとって、他者と決定的に異なるとする点を指摘しておこう。

そのとき、スブーティ長老が世尊にこう申し上げた。

「世尊よ、智慧の完成への道を追求している菩薩摩訶薩は、どのようにして空性を熟知し、どのようにして空性の精神集中（空三昧）に入るべきでしょうか」。
世尊は仰せられた。
「スブーティよ、この世で智慧の完成を追求する菩薩摩訶薩は、物質的存在は空である、と観察せねばならない。感覚、表象、意欲についてもそうであり、思惟も空である、と観察せねばならない。けれども、物質的存在〔は空である〕と観察するときの、そのものの本性（法性）を本性〔という実体〕としてみなさないように、散乱しない心の流れ（心相続）をもって観察せねばならない。そのものの本性を〔本体としての実在と〕見ないならば、真実の究極（実際）を直証してしまうこともないであろう（tāṃ cāsamanupaśyan dharmatāṃ na sākṣātkuruyād bhūtakoṭim）」。（Wogihara [1973：749]）
このように、五蘊が空であることを観察すべきであるのは当然としても、その空を観察するときの修行者の姿勢、あり方を問題とするのである。すなわち、菩薩摩訶薩はすべてのすぐれた様相をそなえた空性を観察するのであるが、『私は直証しよう』（sākṣāt

kariṣyāmi）と考えて観察するのではなく、『私は熟知しよう』（parijayaṃ kariṣyāmi）と観察すべきであることを述べる。そして、『いまは熟知するときであって、直証するときではない』と考えて観察するのである（parijayasyāyaṃ kālo nāyaṃ kālaḥ sākṣātkaryāyā iti pratyavekṣate）」（Wogihara [1973 : 750]）。同じく、無相三昧、無願三昧を直証しはしない、として以下のように続ける。

このようにいわれて、世尊はスブーティに、つぎのように仰せられた。

「スブーティよ、ちょうどそのように、菩薩摩訶薩はあらゆる有情に利益をもたらし、同情的であり（hitānukampī）、慈しみを寄せ、憐れみを寄せ、喜びを施し、平等に接し、巧みな手立てと智慧の完成にまもられていて、諸善根をブッダの是認される、正しい廻向の仕方で廻向して、空性、特徴なきこと、願望を離れることという解脱への門戸（三解脱門）である〔三種の〕精神集中（三昧）に入るのであるが、しかし真実の究極を直証してしまいはしない。つまり、声聞の階位とか独覚の階位に〔おける悟りにとどまること〕はない」。（Wogihara [1973 : 753-754]）

このように、慈・悲・喜・捨という四無量心、善巧方便と般若波羅蜜にもとづいて廻向して三つの精神集中（三三昧）に入ったとしても、真実の究極を直証しないというのである。

次にこの三つの精神集中を直証しない理由を述べるが、以下のように般若波羅蜜と善巧方便を備えることがその理由であるとする。

それはなぜか。というのは、彼には最も力強く、最も堅固な守護者、すなわち智慧の完成と巧みな手立て（善巧方便）とがあるからである。それによって彼に従うあらゆる有情は捨てられることなく、それによって彼の方は幸せに、安全に、無常にして完全な悟りをさとることができるのである。

スブーティよ、菩薩摩訶薩がすべての有情に接して慈しみの心（maitrī-citta）を支えとして、彼らを深い慈しみによっていだくとき、そのときには、菩薩摩訶薩は煩悩に属するもの、魔に属するものを超え出でて、声聞の階位と独覚の階位とを超え出でて、その〔慈しみの〕精神集中に入っているのである。

しかも彼は、スブーティよ、煩悩の滅尽に到達してしまうことなしに、この上なき完成である空性を熟知するのである（paramapāramitāyāṃ śūnyatāyāṃ parijayaṃ karoti）。スブーティよ、菩薩摩訶薩が解脱への門戸である空性の精神集中に入ってときをすごす、そのときには、菩薩摩訶薩はその時点で、特徴なきことの精神集中に入っていないわけではない。けれども、彼は特徴なきことの精神集中を直証しはしない。（Wogihara [1973 : 754, 4-8]）……ちょうどそのように、スブーティよ、智慧の完成への道を追求する菩薩摩訶薩は、巧みな手立てにまもられていて、その諸善根が無上にして完全な智慧において充分に成長し、完全に発展するにいたらない限りは、最高の真実の究極を直証しはしないのである。その諸善根が完全な智慧において充分に成長し、完全に発展したときにはじめて、その最高の真実の究極を直証するのである。であるから、スブーティよ、智慧の完成への道を追求し、智慧の完成への道を修習する菩薩摩訶薩は、このように、諸事物にある意味深い、ものの本性を観察し、反省せねばならない。しかし、それを直証してしまってはいけないのである」。（Wogihara [1973 : 755, 17-26]）

このように般若波羅蜜を修習する菩薩は、善巧方便に守られ、善根が般若波羅蜜のなかで充分に成長するまで、熟知すれども直証はしないのである。

［3］ 難行の行者の慈悲と誓願

このように言われて、スブーティ長老は次のように申し上げた。

「世尊よ、菩薩摩訶薩とは難行の行者（duṣkara-kāraka）であります。世尊よ、空性の道を追求し、空性によって時をすごし、空性の精神集中にはいりながら、しかも真実の究極を直証しないとは、菩薩摩訶薩は最高の難行者であります。世尊よ、これはたいへんすばらしいことです。善く逝ける人よ、これは最高にすばらしいことです」。

このように言われて、世尊はスブーティ長老にこう仰せられた。

「そのとおりである。スブーティよ。まことにそのとおりである。菩薩摩訶薩は難行の行者である。空性の道を追求し、空性によって時を過ごし、空性の精神集中に入りながら、しかも真実の究極を直証しないとは、菩薩摩訶薩は最高の難行の行者である。それはなぜか。というのは、スブーティよ、菩薩摩訶薩にとっては、いかなる有情も見捨てるわけにはいかないからである（sarvasattvā aparityaktās）。彼には『私はあらゆる有情を解放しなければならない』（mayaite sarvasattvāḥ parimocayitavyā）という、こういう性質の特別な誓願（praṇidhānaviśeṣa）があるのである。菩薩摩訶薩が、『私にとって、いかなる有情も見捨てるわけにはいかない。私は彼らを解放しなければならない』と、このように意を決し、空性という、解脱への門戸である精神集中を実行し、特徴なきことという、解脱への門戸である精神集中を実行し、願望を離れることという、解脱への門戸である精神集中を実行するならば、そのとき彼は巧みな手立てをそなえた菩薩摩訶薩である、と知られるのである。この人は（修行の）途中で、ブッダの真理を完成しないままに、真実の究極を直証することはないのである。それはなぜか。というのは、彼の巧みな手立てが保護しているからである。彼は『あらゆる有情を見捨てない』という、こういう心を起こしているのである。このように、彼はこの発心と巧みな手立てをそなえているので、中途で真実の究極を直証しはしないのである」。（Wogihara [1973 : 756, 5-757, 1]）

上記のように、空性の実践について、「空性の道を追求し、空性によって時をすごし、空性の精神集中にはいりながら、しかも真実の究極を直証しない菩薩摩訶薩は、最高の難行の行者（paramaduṣkarakāraka）である」とし、その理由として「彼はあらゆる衆生を解放しなければならない」（sarvasattvāḥ parimocayaitavyāḥ）という誓願を持ち、「わたしはいかなる衆生も見捨てない」（sarvasattvā mamāparityaktāḥ）と心を起こすのである。さらに、特徴なきことと、願望を離れるという精神集中を実行するならば、その人は発心と善巧方便を備えた菩薩であると理想化する。

このように『八千頌般若』の空思想は、初期仏教以来の空・無相・無願という三つの精神集中の一つとして中心的に述べられ、空三昧から無相三昧、無願三昧と段階的に進行する三昧の体系としてまとめられていた。また、空は「無執着」（aniketacārī）、「不可得」（anupalabdhi, na upalabhyante）、「幻」（māyā）等と言われるが、必ずしも空思想が体系化されていたとは言えない。初期の般若経においては、あくまで空思想が中心になることはなかったのである。

（2）空性思想の発達

［1］空の定型表現

般若経における空の思想は、上述のように『八千頌般若』の直截な表現をはじめとして、大品系般若になって次第に形式を整えるようになる。以下は『般若心経』のソースとして知られる『二万五千頌般若』の「色即是空　空即是色」の一節を例にあげて、その発達の仕方を『八千頌般若』と比較しながら時間を追って順に述べてみたものである。

①色形は空である（rūpaṃ śūnyam）
②色形は色形の自性が空である（rūpaṃ rūpasvabhāvena śūnyam）
③自性が空である（svabhāvaśūnya）＝本性空
④色形こそが空性である。空であること（空性）こそが色形である。（rūpam eva śūnyatā śūnyatā-eva rūpam）

このように、般若経では①のような簡単な表現から、主辞の概念を広げて「すべてのものが空である」(sarvadharmāḥ śūnyāḥ) という一般的な表現にまで至る。次の段階では、自性 (svabhāva) という概念を明示して、②「色形〈の自性〉が空である」と言うようになる。ただし、この場合には主語と主語の自性であるから、それほど問題にはならない。

般若経類には「自性を欠いている (空である)」(svabhāvena śūnyaḥ) という表現が頻出する。その多くは、「AはAという自性を欠いている」という無自性、空の表現である。この章句で否定されるのは色形ではなく、その自性であることが明示されている。この自性と空を結合して一語にした表現が、③「自性空である」(svabhāva-śūnyaḥ) という術語である。この語は十八空や二十空性説にも含まれるように、けっして珍しくはないが、『八千頌般若』には存在しない。『一万八千頌』や『二万五千頌』になって初めて登場するので、時間にして二、三〇〇年はかかったはずである。そして、最後にその主語 (色形) と空性が入れ替わり、④「空であることこそが色形である」と言明するようになると、主語と述語、否定と肯定が交換可能となり、空性は思想的に完成したといえよう。

[2] 空義の理由句

大品系統の般若経には十八空や二十空と言われる多くの空性の説が見られるが、その根拠に定型的な理由句が見られることに注目すべきである。それをあげると以下のようになる。

「永久不変なものでなく、滅するものでもない故に、A(眼)はA(眼)ということを欠いている(空である)。それはなぜかというと、それがこの本性だからである。」
tatra cakṣuś cakṣuṣā śūnyam akūṭasthāvināśitām upādāya. tat kasya hetoḥ? prakṛtir asyaiṣā(Kimura [2009 : 60, *ll*.21-22])

この引用文は、二十空の第一である内空(adhyātmaśūnyatā)の定義をする文脈で、眼は眼の自性を欠いていることを述べたものであるが、その最後の「この本性がそれだからである」の解釈が重要である。まず「この本性」(prakṛtir asya)の「この」(asya)とは、中性名詞である眼(cakṣus)を指しているはずである。次いで、代名詞「それ」(eṣā)は女性形であるから、前文の「空性」（śūnyatā）を受けていると考えられる。したがって、眼の本質が空性なのである。このように〔否定されるべき〕「ものの本性（prakṛti）」を空であることの理由としてあげているのは、言語表現の矛盾というしかあるまい。ただ『二万五千頌般若』の中には、これと同類の例文は他にも多数見られる（*PV* I-1, Kimura [2007 : 53.16-18]）。

さらに、『八千頌般若』から『二万五千頌』になると、自性や本質という実体概念を肯定的に扱う表現が増加することも事実である。たとえば、この定型的理由句を述べた後で、「この方法によって、すべてのものは自性が非存在（無）なのである」（anena … paryāyeṇa-abhāvasvabhāvāḥ sarvadharmāḥ）（Kimura [2009 : 151.8-9]）を付加している用例も多々ある。議論が分かれるところではあるが、この abhāvasvabhāva（自性が無である）を、玄奘の翻訳「無性為性」のように、法性と同義として、「無を自性としている」と訳すこともできる。これは本性清浄（prakṛti-prabhāsvara, prakṛti-viśuddhatva）、本性寂（prakṛti-vivikta）などと同じように自性を解釈することにより、空の肯定的解釈がもたらされるようになったものであろう。

しかし、空は仏教思想上極めて重要ではあるが、般若経では中核になるものではない。

その中心思想はあくまで悟りに至るための智慧、般若波羅蜜の宣揚にある。空というのもその般若波羅蜜のとらえる対象として認められる世界に過ぎない。

(3) 縁起

[1] 梵本『八千頌般若』の縁起

『八千頌般若』は縁起について、それほど多く言及しているわけではない。その主な用法を区分すれば、(1)順観と逆観などの縁起観、(2)無為法に組み入れられる法数の一つ、(3)依存性の縁起などの思想的展開をもつもの、という三つに分けられるだろう。しかし、その多くは後半一六章「ものの真相」以降の用例であり、縁起が般若経の最初期から重視されていたものとは言えない。以下、『八千頌般若』の文脈に従って、それぞれの縁起を見てみたい。

(1)順観・逆観の縁起

無上正等正覚を悟ろうと欲する菩薩摩訶薩は、すべての衆生に対してこのように心をとどめるべきであり、「私はすべての衆生の守護者である」と、このように学ばなければならない。また、自からすべての罪を避けることに心をとどめなければならない。布施を行い、戒を守り、忍辱（忍耐）によってなし遂げ、精進を尽くし、禅定に入り、智慧に精通し、順次に、逆次に縁起を観察しなければならない。（Chap.16, Wogihara [1973 : 662]）

この例は無上正等正覚を悟ろうと欲する菩薩摩訶薩の心構えを説くものであり、ここでは六波羅蜜の後に、順観・逆観の縁起（anuloma-pratiloma- pratītyasamutpāda）を観法すべきことを説く。したがって、これは十二縁起を観法として実践する伝統的な用法である。

(2) 法数に組み込まれた縁起

次の一七章の用例は、不退転菩薩がその実践のなかで認知すべき法数として〔五〕蘊・〔十二〕処・〔十八〕界をあげた後、〔十二〕縁起の〔論議のみに〕ふけることがないことを説くのである。この縁起の用法は、いわば法数の一つに組み込まれたものといえる。

また、不退転の菩薩摩訶薩は、その形状（ākāra）、特徴（liṅga）、根拠（nimitta）を備えているのであるが、「たとえば、彼らは、身心の要素、認識の領域、認識の構成要素、縁起〔の議論〕にふけり、我を忘れて過ごすことがない（na … anuyogam anuyuktā viharanti）」。……そうではなく、彼らは般若波羅蜜の話にふけり、我を忘れて過ごすのである。そして、般若波羅蜜や一切智者性に結びついた心の働きを捨てることがないのである。（Chap.17, Wogihara [1973 : 684-686]）

この用例は、アビダルマの五蘊、十二処、十八界からなる世界観や、十二縁起のような教理の話に心を奪われて時を過ごすのではなく、般若波羅蜜や一切智者性に結びついた心に集中すべきことを強調する。いわば、伝統的な仏教の教説に留まらず、般若経で重視する悟りへの智慧にひたすら専心すべきことを述べているのである。

(3) 依存性の縁起等

・甚深なる縁起

次の第一九章の用例は、『中論』の帰敬偈などに見られるような甚深なる縁起と、縁起の相対性を強調するものである。この用例も最初のものと同じく、無上正等正覚を現等覚する菩薩の真実の姿を述べるものである。

> 世尊よ、この縁起は甚深である（gambhīro 'yaṃ bhagavan pratītyasamutpādaḥ）。実に世尊よ、菩薩摩訶薩は最初の発心だけによって、無上正等覚を悟るのではなく、かといって、最初の発心に依らずして、無上正等覚を悟るのでもない。また、実に、菩薩摩訶薩は最後の発心だけによって、無上正等覚を悟るのではなく、かといって、最後の発心に依らずして、無上正等覚を悟るのでもない。（Chap.19, Wogihara [1973 : 720]）

・認識の対象としての十二縁起

次の第一九章の用例は、スブーティによるシャーリプトラへの説法である。スブーティによれば、行為や心は〔拠り所となる〕対象（ārambaṇa）があって起こるものであり、

〔拠り所を〕伴ったときだけ行為や心は起こるのである。したがって、拠り所がないときは起こらないのである。以下はシャーリプトラとスブーティ長老の問答である。

「スブーティ長老よ、世尊は『すべての対象は〔空であって、本体を〕離脱している』(sarvārambaṇāni viviktāni) と説かれているのに、どうしてスブーティ長老よ、意志 (cetanā) は〔拠り所となる〕対象を伴った (sārambaṇā) ときだけに起こり、〔拠り所となる〕対象なしには (anārambaṇā) 起こらないのでしょうか?」

スブーティが答えた。

「シャーリプトラ長老よ、まさに現存している (vidyamānam)〔認識の拠り所となる〕対象を特徴化し (nimittīkṛtya)、対象化して (ārambaṇīkṛtya)、意志は〔拠り所となる〕対象を伴ったときだけに起こり、〔拠り所となる〕対象なしには起こらない。シャーリプトラ長老よ、意志とても〔本体を〕離脱しているし (viviktam)、特徴 (nimitta) もまた〔本体を〕離脱している。このように、無明によって〔起こる〕意欲 (saṃskāra 行) も、実際には離脱している。意欲によって〔起こる〕識別 (vijñāna) も、乃至は生まれによって〔起こる〕老死にいたるまで、〔十二縁起支のすべては〕離脱しているのである。まさにこのように、シャーリプトラ長老よ、すべての対象は離脱しているのである。特徴を離脱している意志というのは、世間の言語習慣に(lokavyavahāram)従って起こるというのである」。(Wogihara [1973 : 732, 5-733, 19])

ここで述べられる縁起は、無明から始まり老死にいたる十二支縁起である。それは現存する認識の対象のことであり、それを特徴化し、対象化するすべてのものとして十二縁起に言及するのである。たとえば認識の構造を考えてみると、意志(cetanā)が〔認識作用として〕働くとき、それらは必ず対象を伴うものである。つまり対象を伴わない意志は存在しないのであるから、両者は依存関係にある。したがって意志は独存するものでなく、それ自体で離脱しており、単に言語習慣によって表現されているに過ぎないというのである。なお、ここでは離脱(vivikta)は空(śūnya)と同義である。初期般若経でも最初は空自体も熟語化していないのである。

・無尽の縁起

次に第二八章には五蘊が無尽であることによって、般若波羅蜜を悟るべきであることを述べる文脈がある。その最初に、世尊はスブーティに対して、如来の境地は甚深であり、その境地を、「虚空が無尽であり、あらゆるものが不生であるから、般若波羅蜜は無尽なのである。……五蘊が無尽であることによって、般若波羅蜜を悟るべきである」と教示する。

この教説では、虚空が無尽であり、すべてのものが不生であるから（ākāśākṣayatvāt sarvadharmānutpādataḥ）、般若波羅蜜も無尽であることを宣言する。この無尽なることと不生というのは、般若経では空の同義語として何度か用いられている。これに続いて、十二縁起が次のように説かれる。

> スブーティよ、菩薩摩訶薩は、無明が尽きないことによって（avidyākṣayatvena）、般若波羅蜜を悟るべきである（prajñāpāramitā bhinirhartavyā）。同様に、意欲（行）・意識・名色等〔中略〕の無尽性によって、スブーティよ、菩薩摩訶薩は般若波羅蜜を悟るべきである。スブーティよ、これが菩薩摩訶薩にとっての二つの極端を排除した縁起の観察である（iyaṃ subhūte bodhisattvasya mahāsattvasya-anta-dvaya-vivarjitā pratītyasamutpāda-vyavalokanā）。（Wogihara [1973 : 880, 23-881, 5]）

スブーティよ、このように観察する菩薩摩訶薩は、縁起を発端と終局と中間のないそれ（縁起）として観察するのである。スブーティよ、縁起をこのように観察することが、悟りの座に着いている菩薩摩訶薩に独自の特性であり、スブーティよ、このように縁起を観察する菩薩摩訶薩は一切智者の智を獲得するのである。スブーティよ、実に、この無尽を悟ることによって（anena-akṣara-abhinirhāreṇa）、般若波羅蜜への道を追求しながら、縁起を観察する菩薩摩訶薩はだれでも、声聞の階位や独覚の階位にとどまるのでなく、一切智者性にとどまるであろう。……このように般若波羅蜜への道を追求する菩薩摩訶薩は、無尽の悟りによって般若波羅蜜を悟るべきであり、このように、無尽の悟りによって、般若波羅蜜において縁起を観察すべきである（evaṃ cākṣayābhinirhāreṇa prajñāpāramitāyāṃ pratītyasamutpādo vyavalokayitavyaḥ）。（Wogihara [1973 : 881, 6-882, 1]）

けれども、スブーティよ、縁起をこのように観察している菩薩摩訶薩は、原因なしで生じているいかなるものを見ず、恒常、無限、永遠、不変な性質のあるいかなるものをも見ず、いかなる行為者も享受者も見ないのである。スブーティよ、これが、無尽の悟りによってこの般若波羅蜜を悟り、この般若波羅蜜への道を追求する菩薩摩訶薩にとっての縁起の観察である（pratītyasamutpāda-vyavalokanā）。（Wogihara [1973：882, 1-9]）

ここでも縁起は十二縁起と見なされており、すでに五蘊などと同じく法数の一つとしてあげられている。しかし、重要なのは「二つの極端を排除した縁起の観察（pratītyasamutpāda-vyavalokanā）」であり、「縁起を発端と終局と中間のないそれ（縁起）として観察する」といった、〈観法としての縁起〉と、二辺を離れた〈中道〉の義に結びつけられた解釈がみられることである。

このような縁起観は初期仏教に由来する伝統的解釈を継承したものであるが、一方では縁起を中道と解釈する『中論』の帰敬偈や三諦偈を想起させる。また、引用の最後にある「無尽の悟りによって般若波羅蜜を悟るべきであり、このように、無尽の悟りによって、般若波羅蜜において縁起を観察すべきである」というような、無尽と般若波羅蜜とを結びつけた教説は、般若経独自の縁起観と見なされる。

・不去不来の縁起――ダルモードガタ菩薩による如来の語義解釈

次に、この〝二つの極端を排除した縁起〟と類似したもので、『中論』の縁起説と関連の深い不去不来の教説を検討しておきたい。

それは『八千頌般若』の第三一章「ダルモードガタ菩薩品」の一節であり、二つの嘱累品のうちの最初の嘱累品の後に付加された部分である。このため、最初期の般若経の用例ではないが、後代の影響という意味ではとりわけ重要である。

この章は如来の声を聞いて東方にやって来たサダープラルディタ菩薩が、ガンダヴァティー市に赴き、般若波羅蜜を説法している聖なるダルモードガタ菩薩に〝如来がどこから来てどこに去るのか〟について聴聞する場面である。以下はそのダルモードガタ菩薩の説法である。

「善男子よ、実に如来たちはどこから来るのでもなく、〔どこかへ〕去るのでもありません。というのは、真如（tathatā）は不動であって（acalitā）、真如こそ如来に他ならないからです。善男子よ、生じないもの（anutpāda）は来たり行ったりしません（na āgacchati vā gacchati vā）。しかも、生じないものこそが如来に他ならないのです。……ものの本性（dharmatā）は来たり行ったりしません。善男子よ、ちょうどそのように、如来たちには去来は存在しないのです。(nāsti tathāgatānām āgamanaṃ vā gamanaṃ vā)」(Wogihara [1973 : 963, 5-965, 8])

上記の用例は、如来の不去不来をテーマにする教説である。「如来(tathāgata)」を如実に来たる(tathā-āgata)、あるいは如実に去る(tathā-gata)と分解し、来るものでもなく(na … ā-√gam)、去るものでもない(na … √gam)と解説するものである。この如来の語源解釈によって、真如(tathatā)は不動であり、真如こそが如来であるからとする。両者ともに動かざるものなのであるが、この論理には真如(tathatā)と如来(tathāgata)の共通項である如実(tathā-)という普遍性が根拠となっている。

さらに、生じないもの(anutpāda)、真実の極み(bhūta-koṭi)、空性(śūnyatā)、如実性(yathāvattā)、愛着性のないもの(virāga)、消滅(nirodha)、虚空界(ākāśa-dhātu)についても同じように、来たることや去ることが知られない(āgamanaṃ vā gamanaṃ vā prajñāyate)。しかも、それこそが如来に他ならないと、繰り返すのである。

如来(tathā-āgata)は如去(tathā-gata)と訳されることがあるように、〔如実に〕来る、去るという、運動を介して解釈されるが、最後に述べるように、如(tathā)は、法性

（dharmatā）と同義であるから去来をもって分析することはできないとする。このように、真如を根拠として如来の語義解釈をするのである。さらに如来の身体を縁起生として分析する教説が続く。

・縁起生と不去不来

「大海中の宝は……原因・条件・理由に依存し（hetupratyaya-kāraṇādhīnāni）、縁起したもの（pratītyasamutpanna）である。……如来の完全な身体は十方にあるどの世界から来たものでもなく（na … āgatā）、十方のいずれかへ去るものでもない（na … gacchati）。……多くの因縁が集合したとき（bahuhetupratyayasāmagryām）、ブッダの身体は生じた（samutpanna）のだから、それはどこから来るのでもない（na … āgacchati）。……あなたが如来たちや一切法を不生不滅であると完全に知るなら、そのことからあなたは無上正等覚に到ることが決定されるだろうし、たしかにあなたは般若波羅蜜と善巧方便を追求することになるでしょう。」（Wogihara [1973 : 967, 16-977, 3]）

この引用は和合としての縁起生を説くものである。傍線の箇所は、縁起の語義解釈とみられる注目すべき章句で、その前後に不生不滅、不去不来といった八不のうちの四不が見られ、『八千頌般若』はこれを「不来不去の教説」(anāgaty-agamana-nirdeśa) と自ら宣言している。

また、如来たちの不去不来というこの教説が話されているとき、大地が激しく震動し、三千大千世界は震えたという。これは、如来が説法する時に見られる奇瑞であるが、この縁起の説法こそが真理を説く場面であるという経典の主張に他ならない。

その時、八〇〇の生きとし生けるものは無生法忍という真理を得て、さらに八〇ニユタという多くのものが無上正等覚を発心し、六四〇〇〇人のものが浄らかな法眼を得たという。このように、この不去不来の縁起説こそ、真理を得るための最も重要な説なのである。

ただし、ここでは最初に「縁起したもの (pratītyasamutpanna)」に言及するが、それを集合 (sāmagrī) と言い換え、「大地に蒔かれた種がすべての和合因を得て成長する」という文脈で用いられている。これは (右の訳例と同様、) 羅什《らじゅう》によって衆縁合 (『小品』T8,

No.227, 584c7, 10, 11, 15)、因縁和合(同、544c5)と訳される。

これは伝統的な仮和合説を説いているもので、観法と結びついた十二因縁(縁起)とは区別されるが、むしろこのような法性(dharmatā)を説く縁起和合説こそ、空と同義の縁起説と関連を持っていると考えられる。以上が『八千頌般若』における縁起の用例である。

[2] 梵本『一万八千頌般若』・『二万五千頌般若』の縁起

次に大品系般若の用例を具に検討してみたい。大品系般若になると、より多くの縁起、あるいは縁起生の用例が見られる。ここでは『一万八千頌般若』(AD)、『二万五千頌般若』(PV)というサンスクリット本を中心として、特徴的な用例を幾つか選んで取り上げておきたい。第一は縁起生の用例である。

(一) 業の異熟果としての縁起生

『八千頌般若』(AS)では「〔対象が〕過去の行為の果報として現れた(pūrvakarma-vipākābhinirvṛtta)」という言い方は何度か見られるが、以下の『一万八千頌』・『二万五千頌』の用例のように、縁起生(pratyutpanna)と結びついた表現には至っていない。

実にまたこれらの一切のものは縁起生であり、顚倒して生じたものであり、業の果報として受容されたものである。あなた方はそこで実体のないものに対して実体を想う。あなた方よ。般若波羅蜜を実践しているかの菩薩摩訶薩は、方便善巧によって慳貪の衆生たちを慳貪から差し戻し、布施波羅蜜に結びつけるのである。（AD II. Conze [1974a : 36, 6-11]）：（PV Kimura [2006 : 6-8 : 45.17-21]）

（二）法相としての縁起

『二万五千頌般若』（PV）の縁起をみると、基本的には『八千頌般若』の用法が踏襲されているが、法数としての用例が飛躍的に増加する。その多くは〔五〕蘊・〔十二〕処・〔十八〕界の後に、縁起と縁起支（pratītyasamutpāda-, pratītyasamutpādāṅga-）を並記するもので、特に縁起が空や無自性と結びつけられるものではない。これは縁起の教理が確立されてから、法相の一つとして組み入れられたものである。

（三）観法としての縁起観——愚癡の対治として

順観・逆観を説く縁起の観法は『八千頌般若』にも説かれるが、次に述べる縁起の用法は、愚癡の対治としての十二縁起による観法を説く特有の教説である。その完成形態を示すものとして、『二万八千頌般若』(AD)の用例を最初に上げておきたい。

貪欲を行ずる衆生には不浄を修せしめ、瞋恚の衆生には慈心を修せしめ、愚癡の衆生には縁起を修せしめる。(ye rāgacaritās tān aśubhāyāṃ niyojayati. ye dveṣacaritās tāṃ maitryāṃ niyojayati. ye mohacaritās tāṃ pratītyasamutpāde niyojayati.)(AD II. Conze [1974a : 113. 24-26)

このように三毒の対治の一つとして縁起観が修せられるべきことを説く。これは後代に継承され五停心観《ごじょうしんかん》へと発展する重要な教説であるが、注目されるべきことに、『二万五千頌般若』や『放光般若』などとは系統を異にする。たとえば、『二万五千頌般若』(Chap.8)では、観法としての縁起の働きを、三毒中の愚癡の対治に結びつけるが、三毒の対治としての教説は見られない。すなわち、「貪りを行う衆生には、浄らかな修習(不浄観)がうながされるべきである」(ye rāga-caritāḥ sattvās tān śubha-bhāvanāyāṃ niyojayati.

Kimura [2006：137.12]）とあるばかりで、不浄観には言及するが、後述する慈悲観と縁起観にかかわる文脈は見られない。

この箇所に対応する翻訳を見ると、『放光般若』でも「婬者為説欲之不浄」（T8, No.221, 137c19）とあるのみであり、慈悲観や因縁観についての記述はない。つまりまだ三種の観法の教説は完成していなかったようである。ところが、『大品般若』になると、

婬欲を行ぜし者には不浄を観ぜしめ、瞋恚〔の者〕には慈心を観ぜしめ、愚癡の衆生には十二因縁を観ぜしむ。（行婬欲者令観不浄。瞋恚令観慈心。愚癡衆生令観十二因縁。『大品』T8, No.223, 410c13-16）

このように訳されており、『二万八千頌』と同じく、不浄観・慈悲観・因縁観の三種の対治観法が記され、三毒の対治の一つとしては、「愚癡を行う者、彼らには十二因縁を観法させるべきである」と明記されている。なお、この場合の愚癡は邪見であり、その治療のために十二縁起の観察を行うことが、迷妄に対する善い対治法であるとするのである。これに対応するチベット語訳『二万五千頌』も、貪瞋痴の三毒に迷う者には三種の観法を

為すべき事が明記されている。

貪欲を為す者、彼らは不浄を為すべきである。瞋恚を為す者、彼らは慈しみを為すべきである。愚癡を為す者、彼らは縁起を為すべきである。（L ed.no.10, Ga 442b; P ed.no.731, Di 214a1-2）

このことから、もともと梵本『二万五千頌』や『放光』のように「婬欲の多き者に対する治療法としての不浄〔観〕」について述べるのみであった経文が、やがて般若経の増広過程の中で、『大品』やチベット語訳に見られるように、不浄観に慈悲観や縁起観が加わり、三種煩悩に対する三つの観法による対治という教説が整えられていったのであろう。

この箇所に対応する『大般若波羅蜜多経』「第二会・正定品　第八一」（T7, No.220, 416c26-417a3）及び「第三会・宣化品　第三一」（同753c8-14）には、不浄観・慈悲観・縁起観に加え、驕慢多き者には界分別観（諸界観）、尋伺多き者には持息念を修することが勧められている。

これは五停心観の実践体系として中国仏教で重視されるようになる原資である。般若経の中でいえば、この不浄観・慈悲観・縁起（因縁）観の三種の対治の伝承は、大品系の般若経から始まり、その他、複数の大乗経典中に述べられるようになっていった。

（四）八つの否定形式

この例は、『八千頌般若』を初めとする小品系には見られないが、『一万八千頌』や『二万五千頌般若』（『十万頌般若』）などの大品系般若に共通に見られる。以下、梵文『一万八千頌』から順に見てゆこう。

どのように色形の真如を認知すべきなのか？　真如は生ずることなく、滅することがない。来たることなく、去ることがない。汚れることなく、浄らかになることがない。滅ずることなく、増えることがない。このように真如を認知するのである（na tathatā utpadyate vā nirudhyate vā na āgacchati na gacchati. na saṃkliṣyate na vyavadāyate. ni(*sic*) hīyate na vardhate.）。スブーティよ、なぜなら真如は虚偽ならざるもの（真実）である。ゆえに真如と言われるのである。それは虚偽がない。そのことによって真如と言われるのである。このように色形の真如を認知するのである。

（AD II. Conze [1974a : 65.22-26]）

この箇所に対応する『二万五千頌般若』（PV）もほぼ同じである。

　どのように色形の真如を認知するのか。真如は生ぜず、滅せず、来たることなく、去ることもない。汚れることなく、浄らかになることもなく、減ることなく、増えることがない（na tathatotpadyate na nirudhyate n'āgacchati na gacchati, na saṃkliśyate na vyavadāyate, na hānir na vṛddhir）。このように真如を認知するべきである。さらにまた、スブーティよ、真如こそがそうなのであり、その故に真如と呼ばれるのであり、その虚偽でないことが、真如と呼ばれるのである。このように色形の真如を認知するのである。（PV, Chap.8, Kimura [2006 : 80.17-21]）

次に漢訳諸本では代表として『大品』「善達品第七九」の対応箇所も挙げておく。

　云何知色如。是色如不生不滅不来不去。不増不減不垢不浄。是名知色如。須菩提。

如名如実不虚。如前後中亦爾。常不異是為知色如。（T8, No.223, 399b5-8）

以上のように、この動詞形によって表現された八不は『中論』帰敬偈の八不とは異なるが、大品系般若すべての文献に確認することができる。ただ、『放光』（T8, No.221, 129b29-c3）では他の文献と異なり、最後の四不の順序が、「亦不断亦不著。亦不増亦不減」と異なるのみである。玄奘訳『大般若経』（T5-7, No.220）では『初会』（T6, 985c17-22）・『第二会』（T7, 387b24-29）・『第三会』（T7, 732b23-26）共通して「無生無滅無来無去無染無浄無増無減」とし、不～とは区別する。

これらは『般若心経』の六不説（小本 evaṃ śāriputra sarvadharmā śūnyatālakṣaṇā anutpannā aniruddhā amalāvimalā anūnā asaṃpūrṇāḥ; 大本 iha śāriputra sarvadharmāḥ śūnyatā alakṣaṇā anutpannā aniruddhā amalā avimalā anūnā aparipūrṇāḥ）（渡辺章悟［2009 : 16, 29］）の原型となった『二万五千頌般若』の現在形動詞句による六不説、すなわち「空性は、生じもしないし、滅しもしない。汚されもしないし、浄化もされない。減りもしないし、増えもしない。」（śūnyatā …… notpadyate na nirudhyate, na saṃkliśyate na vyavadāyate, na hīyate na vardhate）（PV 1-1. Kimura [2007 : 64.14-15]）というもので、八不中の「不去不来」

(na-āgacchati na gacchati) を欠いた六不説と類似する。

いずれにしても、八不の論理が空性と同義として用いられていること、またこの論理表現が大品系般若に限定されることが確認できる。

(五) 八不の縁起

次に『中論』の帰敬(八不)偈に関連する用例を検討したい。これは八不が縁起にかかる形容句であり、しかも「戯論寂滅にして吉祥なる」という形容句まで付随するもので、ほぼ『中論』帰敬偈に一致する章句を含む。

この箇所は上述の例に続くもので、同じ章品に属している。これも『八千頌般若』等の小品系には見られず、『一万八千頌』『二万五千頌般若』『十万頌般若』(T MS, No.382D 295b3) 等、大品系般若になって初めて見られる増広箇所である。最初に『一万八千頌』を見ると以下のようにある。

・**『一万八千頌』(AD II. Conze [1974a : 66.19-29])**

[1] どのように聖なる真実を知るのか? 苦を知り、真実を知り、聖なる真実を知る。

二つであることを離れた聖なる真実を、不二であり、聖なるものたちの真実であると知る。同じく「集」を、「滅」を、「滅を歩む道」を聖なる真実と知る。

[2] どのように苦の真如を知るのか？ 真如こそが苦の真如であると知る。同じく集の、滅の、道の真如であると知る。

[3] どのように縁起を知るのか？ 不生として縁起を知る。同じく不滅、不断・不常、不一義・不異義、不来・不去として、戯論寂滅として、吉祥である縁起を知る。このように縁起を知る。

ここに引用した章句は偈頌（śloka）になっておらず、縁起を修飾する語句すべてが、-taḥ（～として、～という立場から）としていること、不滅不生（anirodhamanutpādam）が漢訳諸本と同じく不生不滅（anutpādato …. anirodhato）の順になっていること、戯論寂滅は prapañca-upaśama- ではなく、prapañca-uparama- であるが、いずれにしても意味は変わらない。

梵本『十万頌般若』（T MS No.382D fol.295b3）もこの『一万八千頌般若』とほぼ同じく、八不にして、「戯論寂滅し、吉祥なる縁起」という伝承を持つ。

ところがこの箇所に対応する梵本『二万五千頌般若』（Kimura [2006 : 82.11-16]）を見ると、ここには[1]に対応する箇所は見られるが、八不の縁起に関する記述は欠如している。

どのように〔聖なる〕真実を知るのか？　苦なる真実を知り、聖なる真実を知る。二から離れた聖なる真実を知り、不二から離れた聖なる真実を知る。同じく集を、同じく滅を、同じく苦の滅を歩む道を〔知る〕。

kathaṃ satyāni prajānāti? duṣkhasatyaṃ prajānāti, āryasatyaṃ prajānāti, dvayato vinirmuktam āryasatyaṃ prajānāti, advayato vinirmuktam āryasatyaṃ prajānāti, evaṃ samudayam evaṃ nirodham evaṃ duḥkhanirodhagāminī pratipadam.（Kimura [2006 : 82, 11-16]）

このように、先の『一万八千頌』では、「二から離れた聖なる真実（聖諦）を不二なる聖者たちの真実（āryāṇām satyam）」とするが、右の『二万五千頌般若』では、「二と不二の両者を離れた聖なる真実」というようにディレンマとなるなど、やや異なる点はあるが、[1]の部分はよく対応している。しかし、その後にある『一万八千頌』の、[2]四諦の真如を説く部分と、［3］の縁起を説く部分は、『二万五千頌般若』には完全に欠けており、この直後から話者は須菩提に代わっている。

さらに、この箇所に対応する大品系の古い漢訳『放光』と『大品』を見ると、

［1］云何観知苦諦。亦知苦亦知諦亦知有我無我。諦習盡空皆知諦。

［2］云作知四諦如。知如如四諦是為知四諦如。

［3］云何観知十二縁起如。十二縁起無所生。是故知十二縁起如。（『放光』T8, No.221, 129c13-17）

［1］云何知四聖諦。知苦聖諦時遠離二法。知苦諦不二不別。是名苦聖諦。集盡道亦如是。

［2］云何知苦如。知苦聖諦即是如。如即定苦聖諦。集盡道亦如是。

［3］云何知十二因縁。知十二因縁不生相。是名知十二因縁。（『大品』T8, No.223, 399c9-10）

となっていて、［1］と［2］の対応箇所は見られるが、［3］の箇所では縁起は十二因縁（縁起）となり、かなり簡潔である。それはもともとあった八不の縁起が簡略化されたか、削除さ

れたのではないだろう。なぜなら、『大品』では縁起（十二因縁）はあるが、八不に関する表現が見られず不生相のみ、また『放光』は無所生のみで代表されているように、古い訳文にも八不は見られないからである。

また『大般若波羅蜜多経』をみると、「第三会」の対応箇所には「無生無滅無染無浄」(733b8)と四不（無）があるのみで、その後に続く「戯論が寂滅し、吉祥である縁起」云々も見られないが、「第二会」(T7, No220, 389a15-21)と「初会」(T6, No.220, 988a1-15)には「如実に一切の縁より生ずるところの法は、不生にして不滅、不断にして不常、不一にして不異、不来にして不去、諸々の戯論を絶し、本性は憺怕なりと知る」とあるように、八不、及び「絶諸戯論本性憺怕（淡泊）」が明記される。

また、翻訳時代が後世まで下ると考えられるチベット語訳でも『一万八千頌般若』、『二万五千頌般若』経部、同論部、『十万頌般若』のすべてが、八不であり、「戯論が寂滅し、吉祥である」(spros pa dang bral zhing zhi bar)までの定型的章句を伝えている。

以上のように、「八不にして、戯論が寂滅し、吉祥である縁起」という文脈は、『二万五千頌』に見られるように、もともと存在しなかった。あるいは古い漢訳に伝えられるように、「不生相」あるいは「無所生」のみで述べられる十二縁起の形容句であった。それが、

「不生・不滅」というディレンマ表現を経由して、『一万八千頌』や『大般若経』「第二会」「初会」、あるいは拡大般若のチベット語訳に共通してみられるように、八不の定型的フレーズとなって伝承されたことがわかる。

ただし、問題はこの『中論』の帰敬偈は、この拡大般若から借用したものであったと言い切れない点にある。なぜなら龍樹（一五〇～二五〇頃）の活躍した年代を考えると、八不の偈を伝える拡大般若経諸本は、梵本『一万八千頌』ギルギット写本にしても玄奘訳『大般若経』にしても、龍樹よりもかなり後代の資料だからである。また、最古の般若経はもちろん、漢訳古経の『放光』や『大品』中にさえも八不が跡づけられないからである。

さらに、『一万八千頌般若』と『二万五千頌般若』は、前者から後者が発達したとは簡単に断ずることはできないし、この八不の縁起が別々に展開して伝承された可能性もある。このように考えると、速断することはできないが、般若経の否定表現を龍樹が八不として偈頌に纏め、縁起思想に結びつけた。それをさらに『一万八千頌般若』をはじめとする後代の般若経が帰敬偈そのものを意識して文体を変えることなく伝承したと考える方が妥当であろう。

なお、龍樹の思想を継承する中観論師はもちろん、『中論』の註釈である無著の『順中論』でも、『中論』帰敬偈の八不は、『中論』の眼目であり、この般若経から借用したものと考えていたようである。

このように、「不生」が最も重視され、この不生に精通した者をナーガールジュナになぞらえて、ナーガールジュナが『中論』帰敬偈にて世尊を礼拝したと解釈するのである。この不生（anutpāda, [atyanta-]anabhinirvṛtti）こそ初期般若経より空と同義として用いられる語であり、さらに不生不滅というディレンマの形式となり、そして四不（不生・不滅、不去・不来）から、さらには八不へと説かれるようになったのである。

以上、拡大般若経の主な縁起の用法として、観法としての縁起、すなわち愚癡の対治としての縁起観や、八不の縁起として知られる『中論』帰敬偈のソースを検討し、般若経の増広と共に発展した教説の中にそれを位置づけた。さらに拡大般若経の否定表現を龍樹が八不に纏めて縁起思想に結びつけ、それが『一万八千頌』など後代の般若経類において伝承された。また、『順中論』なども般若経と八不の結びつきを強化することに与ったのである。

第五章　智慧の思想とその展開

（1）一切智から般若波羅蜜へ

およそ仏教は他のインドの宗教の例に漏れず、開祖であるブッダが一切智者であることをさまざまな場面で論証しようとする。このブッダの悟りが智であるなら、この悟りの智を得るものは誰でも仏となることができる。したがって、このような悟りをもたらす絶対的な智が存在すること、そしてその智がどのようなものであるのか、いかにしたらそれを獲得できるのかが問題となった。つまり、この智の獲得を目指すこと、それがブッダの追随者である仏教徒の理想となる。これについては「般若経」も例外ではない。

一切智者とは一切智をもつ人のことで、その智慧のことを初期の般若経では「一切智者の本質、一切智者性」(sarvajñatā)などと言っていた。その漢訳は訳者や経論によって異なるが、例えば羅什の漢訳(『小品般若』)を見ると多くは「薩婆若《さばにゃ》」「薩云若《さうんにゃ》」と音訳し、あるいは「一切智」と意訳している。これに対応する小品般若系の諸本、則ち梵本『八千頌般若』をはじめとして、チベット語訳、『道行般若経』などの漢訳諸本では、新たな智慧の概念として prajñāpāramitā(般若波羅蜜)を問題とするが、それもブッダの智慧である sarvajña(一切智)に結びつけて説かれているのである。

この意味で般若経は、一切智者性を得ることが、般若波羅蜜によってのみ可能であることを説く経典である。周知のように、ブッダに至るための根源である悟りの智が一切智性であることは以前から説かれていた。しかし、初期の般若経に至って、それが常に般若波羅蜜にもとづくとされたのであり、この智慧の重視こそが般若経の独自性と言うべきである。この意味で般若経における智慧の構造は智の解釈の深化という、一貫した内容を持っているのである。

それでは般若経の経題である「般若波羅蜜〔多〕」とは、どのような智慧なのであろうか。そもそも般若(prajñā)は、仏教を一貫する最高の徳である智慧をいい、直観的で総合的な特色があり、対象化し分析を進める知識（vijñāna）とは異なる。この智慧は初期仏教以来、悟りに向かう智慧と見なされ、ものごとの実態を如実に知る真実の智慧であった。大乗ではこれに完成（pāramitā 波羅蜜〔多〕）を添加し、他の宗教の智慧と区別した。

その智慧の内容は空、すなわち完全な無執着であり、いっさいのとらわれを離れる認識論的、あるいは存在論的な概念であり、実体的な考えの徹底的な否定を意味する。般若経は従来の仏教が真実としていた思考を含め、この否定をさまざまな表現で説くのであるが、その真実を見通す智慧こそが悟りをもたらす母胎であることから、仏母とも称せられた。

このような諸仏・諸菩薩を生み出す智慧は、もともと一切智と呼ばれていたものである。般若経はこの智慧に着目して、新たに完全な智慧、すなわち般若波羅蜜という大乗の智慧として昇華させたのである。つまり、般若波羅蜜こそがすべての智慧の根源であり、一切智とされる仏の智慧と等しきものとしたのである。

さらに、この初期般若経に説かれる一切智性は、二～三〇〇年経過すると、次第に三乗思想と結びつきながら三智へと分化してゆく。この智の展開も般若経特有の思想であり、後続の大乗経論に大きな影響を与えることになる。本章では以下、般若波羅蜜、一切智、三智の関係について般若経の説くところを見ていきたい。

（2）般若波羅蜜と六波羅蜜

［1］般若波羅蜜とは

般若波羅蜜〔多〕とは、プラジュニャー・パーラミター（prajñāpāramitā）を音訳したもので、智慧を意味するプラジュニャー（prajñā）と、完成、成就を意味するパーラミター（pāramitā）の結合語である。全体で「智慧の完成」「完全な智慧」と現代語訳される。以下、この語をプラジュニャーとパーラミターに分けて解説してみよう。

（一）プラジュニャー（般若）とは

サンスクリット語のプラジュニャー（prajñā）は、多くは般若・波若・鉢若などと、そのまま音写される。それは、五種不翻（「秘密・含多義・此無・順古・生善」）といわれる翻訳規則の「生善」によるものであり、「般若は尊重なれども、智慧は軽浅なるがごとし」という。さらに、般若という訳語の方が「人が敬いの心を生ずるから翻訳しない」（『翻訳名義集』の序文）としている（T54, No.2131, 1055a13-18, 1057c7-10）。

すなわち、プラジュニャーなどのように奥深い意義を持つものは、翻訳することによって原語の意義深さを失ってしまうから音訳するにとどめたのである。

しかし、敢えて言うなら、プラジュニャー（prajñā 般若）のプラ（般）とは、「前の」あるいは「根元」という意味をもつ強意の接頭辞で、後のジュニャー（若）は「智」であるから、プラジュニャーは普通の知識ではなく、「智慧」あるいは「根源的な智」である。「般若経」はさまざまな題材と形式を持つが、一貫して「般若波羅蜜」（プラジュニャー・パーラミター）と称するように、悟りに直結する智慧（般若）を追求した経典である。したがって、プラジュニャー・パーラミターとは、教説であると同時に、それが説かれている経典も意味することになる。

また、前述したように「般若」の智は、悟りに直結し、絶対的な境地に至らせるという機能を持っている。その内実は神秘的直観というより、もっと具体的で、創造的な智慧とみなすべきであろう。なぜなら智慧は、戒を保ち、三昧に沈潜するなかでのみ生まれ、この智慧が生ずることによってのみ、悟りの世界が開かれるということは、第一章で述べたように初期仏教以来の多くの仏典で繰り返し述べられるからである。以下にその代表的な例を『経集』（*Suttanipāta*）からあげておこう。

「常に戒をよく保ち、智慧（paññā）ありて、よく心を統一し、深思し、正念を持つ者こそが、渡ることが困難な激流（ogha）を渡ることができる。」（『経集』Sn 174）

「［人は］信によって激流を渡り、不放逸によって海を渡り、精進によって苦を超え、智慧（paññā）によって完全に清浄になる。」（『経集』Sn 184）

このように、仏教徒にとって「般若」は最高の徳を持つのであり、仏教の修学の基本である戒・定・慧（般若）の三学の中でも最も重要視されるものである。多くの仏教徒がこの「般若」と生活の規範である「戒」を守り、その生活を保ちながら「定」に入って心身を制御し、この戒と定を繰り返しながら、智慧を磨き、次第に高まりゆく精神性の中で〈ダルマ〉に目覚め、無上の悟りに至るという道を示してきた。その悟りの智慧こそが般若なのである。

また、智慧は覚悟に至るための不可欠な実践である。特に、信・精進・智慧という基礎的実践でありながら、念・智慧・定という、内省に関する実践にも組み込まれるように、智慧は信等の五根という実践において、根本的な実践原理でもある。

このprajñā（般若）にpāramitā（波羅蜜）を加えてできたものが完全な悟りの智慧を意味する般若波羅蜜である。この結合語は従来のprajñā（智慧）と差別化するために、大乗仏教徒が重視した悟りを生む智慧である。

（二）パーラミター（波羅蜜多）の解釈

パーラミターの解釈には大別すると二種ある。第一の解釈はパーラミター（pāramitā）を、パーラム（pāram）とイター（itā）に分解する（Conze [1951 : 124]）。

そもそもパーラ（pāra）は第三類あるいは第一〇類の動詞プリ（√pṛ）に由来し、「横切る、向かい側に到達する、救う」という語感をもつ。そこから反対側、対岸、到達範囲という名詞にもなる。

この前分のパーラは目的格パーラム（pāram）になって、イタ（ita）と結合する。このイタは「行く、到達する、去る」などを意味する動詞イ（√i）の過去分詞で、パーラミタ（pāram-ita）となる。さらにitaに抽象名詞-tāが加えられてパーラミタター（pāram-itatā）となり、重複する子音taが落ちて、パーラミター（pāramitā）ができたとするものである。したがって、この解釈に拠れば、「あちら側（さとりの世界）に至った状態」という意味となる。「到彼岸」という漢訳はこの意味である。

また、この解釈は*Dhammapada*（『法句経』）や*Suttanipāta*（『経集』）などのパーリ仏典の古層にパーラ・ガ（pāra-ga）、パーラ・ガタ（pāra-gata）、パーラン・ガタ（pāraṃ-gata）、パーラ・グー（pāra-gū）、パーラ・ガーミン（pāra-gāmin）という語がたびたび見られるように、「行く」を意味するガ（√ga）とイ（√i）の同義性から「悟り（彼岸）に向かう」という語として展開したことも考えられる。

第二の解釈は、第一の解釈がパーラミターに含まれる動詞を重視したのに対して、パーラミターを形容詞あるいは名詞と考える立場である。

サンスクリットでは形容詞の語尾にパラマ（parama）を付けて最上級を作るが、これが結合語を作るときにヴリッディ化して、第一音節が長音となり、パーラマ（pārama）となる。この語の派生語がパーラミー（pāramī）あるいはパーラミン（pāramin）である。

すなわち、パラマから派生したパーラミー、あるいはパーラミンに、抽象名詞を作る接尾辞ター（tā）を付けるときに、パーラミ、もしくはン（-n）が落ちてパーラミター

(pāramitā)となったという解釈である。したがって、パーラミターは「最高のもの」、「最勝の状態」という意味であり、ここから「完成」という訳語も導かれる。

第一の解釈はインド以来の伝統的な解釈であり、多くの仏教者が教理的に指示するものであるが、『二万五千頌般若』のなかにも第二の解釈を支持する文脈が見られるように、文法的にも歴史的にも第二の解釈が妥当と考えられる。

以上のように、プラジュニャー・パーラミター(般若波羅蜜)とは悟りに至る動的な機能をもつ、完全な智慧なのであり、「般若波羅蜜経」とはこの智慧をさまざまに説いたものなのである。

[2] 六波羅蜜〔多〕とは

六波羅蜜とは布施・持戒・忍辱・精進・禅定・智慧という六つの徳目からなる菩薩の実践である。この実践は般若経ばかりでなく、同時代の多くの大乗経典に説かれているのであって、般若経独自の説とは言えない。

すでに本生経典や「増一阿含」にも説かれているので、大乗仏教の創設でもない。しかし、これが菩薩の実践道として確定したのは、やはり大乗の成立を待ってのことであろう。

その成立の概要は後に記すが、これら六項目の構造をみると、基本となるのは持戒・禅定・智慧の三つであろう。これらは戒・定・慧という初期仏教の代表的な実践である三学であり、これに布施と忍辱と精進を加えたものが六波羅蜜である。三学が純粋に仏教の実践の骨子であるとすれば、精進は実践の姿勢を示す個人的な徳目であり、施と忍とは対社会的な徳目である。これらが加えられて六波羅蜜が成り立っているのである。大乗仏教の社会性を考えるとき、この布施や忍辱という徳目が大きな意味を持ったであろうことは想像に難くない。なかんずく最初に掲げられる布施の意義は大きなものがあったと思われる。

これら六つの徳目は、おそらく康僧会訳『六度集経』(T3, No.152)の成立と、大乗経典への影響を待って、確立してゆくのであろう。ここでは般若経の中でも大乗の教理をまとめた『大品般若経』「問乗品」第一八の記載にもとづいて概説しておく。

(1)布施(ダーナ)とは与えることである。自己の内外へのあらゆる布施(ダーナ)であり、阿耨多羅三藐三菩提に廻向する。

また、それは財物を与えること(財施)ばかりではない。財物をもたない者は、教えを説き与えること(法施)であり、それによって安心を与えること(無畏施)でもある。

(2)持戒(シーラ)とは一般に在家では五戒や八斎戒、出家では二百五十戒などを守ることといえるが、大品系般若では十善業の実践とされるようになる。

(3)忍辱（クシャーンティ）とは自ら忍耐を具足し、また他者をして忍耐を行わせることである。

(4)精進（ヴィールヤ）とは、他の五波羅蜜を勤め行うことにたゆまず、同時に一切の衆生を五波羅蜜に向かわせることである。

(5)禅定（ディヤーナ）とは精神集中である。自ら方便によって諸禅に入り、また他者に教えて諸禅に入らせることともいわれる。

(6)智慧（プラジュニャー）とは、一切のもののすがた（法性）を見極める智慧である。しかもあらゆるものに執着せずに、すべての対象を観察する。また他者をあらゆるものに執着させないように観察させる。

これら六つの徳目が波羅蜜といわれるためには、一切智と無所得という智慧と実践の心のありようが問題となる。

たとえば、布施波羅蜜であれば、「菩薩摩訶薩は〈一切智に応ずる心をもって〉、内外あらゆる布施（ダーナ）を一切衆生と共にし、阿耨多羅三藐三菩提に廻向する。〈無所得をもっての故に〉」というように、布施の説明の最初と最後にこれら特定の語句をつけ加えることによって、六つの徳目はそれぞれが波羅蜜として、完成にいたるものとなるというのである。この無所得の布施については般若経の特に強調するところであるが、この問題は既に三輪清浄という空の教説（第四章）で述べた。

［3］般若経の六波羅蜜

「般若経」はその経題の通り智慧の完成（般若波羅蜜）を説くのではあるが、布施など六つの完成（六波羅蜜）も重要な菩薩の実践として説かれている。この二つの波羅蜜説は般若経にのみ説かれるのではなく、初期大乗仏教の多くの経典に見ることができるように、大乗仏教の基本的な菩薩道とされる。しかし、それらを検討すると、この波羅蜜説にもさまざまなものがあったことがわかる。それらを大まかに整理すると、以下の二つの主張に大別できる。

一、最初に般若波羅蜜が強調されるようになり、そこから六波羅蜜が展開した。

二、六波羅蜜を前提として般若波羅蜜が重視されるようになった。

この般若波羅蜜と六波羅蜜のどちらの成立が古いのかという問題は、仏教思想史においてしばしば問題とされるが、いまだ決着を見ていない。ここではこの問題全体に立ち入ることはせず、「般若経」に説かれる二つの流れに限定してこれを概説するにとどめる。まず「般若経」の成立史に沿って、般若波羅蜜と六波羅蜜の展開を明らかにしてみたい。

「般若経」の中でも初期に成立した小品系般若を調査する際、最も重要なのが最古訳の『道行般若』であることに異論はないだろう。この経の成立を現在の学界の定説にしたがってまとめると、次の三期に大別される。

第一期	第二期	第三期
道行品・難問品	功徳品～本無品／阿惟越致品～累教品	不可盡品～嘱累品

(1)「道行品」第一・「難問品」第二
(2)「功徳品」第三から「累教品」第二五
(3)「不可盡品」第二六から「嘱累品」第三〇

このうち第一期は、梶芳光運［1980］によって原始般若経と呼称される「道行品」第一に「難問品」第二が加えられた最初期の段階のテクストである。第二期はこの第一期に付加された増広部分で最初の嘱累品（累教品）までである。第三期はこの第二期のテクストがさらに増広されたものである（ただし、「累教品」と「不可盡品」はもともと一体であった）。その最後には、再び「嘱累品」が添えられて、現在のような形態の『道行般若経』になったのである。

この展開に沿っていうならば、第一期すなわち原始般若経といわれる「道行品」と、次の「難問品」には、さまざまな般若波羅蜜の教説が見られるのにもかかわらず、六波羅蜜はまったく説かれていない。六波羅蜜が成立していなかったとは言えないまでも、いまだ「般若経」にこの説が導入されていないわけである。

六波羅蜜が最初に登場するのは第二期の「功徳品」第三からである。ここから「本無品」第一四までには、何箇所か六波羅蜜が述べられるが、「般若波羅蜜が六波羅蜜を代表し、他の五波羅蜜を統括するものである」ということが、突然宣言されるばかりで、六波羅蜜の説明やら、般若波羅蜜と他の五波羅蜜の詳しい関係は示されていない。

般若波羅蜜は五波羅蜜中最尊なり。譬えれば、極大地の如し。種はその中に散じて同時に倶に出て大株を生む。是の如く阿難よ、般若波羅蜜は是れ種にしてその中より生ず。薩芸若は般若波羅蜜より成ず。是の如く阿難よ、般若波羅蜜は五波羅蜜中の極

大尊にして教うる所、自在なり。（『道行』T8, No.224, 434b）

いずれにしても般若波羅蜜のみが重視され、他の五波羅蜜、あるいは六波羅蜜の実践が積極的な表現で述べられているのではない。

成立の遅い梵本『八千頌般若』では、この冒頭の「般若波羅蜜は五波羅蜜中最尊なり」に対応する箇所が、次のように増広されている。

智慧の完成は五つの完成に先だつものであり、その案内者であり、指導者である。そのような仕方で、五つの完成は智慧の完成の中に含まれている。アーナンダよ、智慧の完成というのは六種の完成の完全性に対する異名である。それゆえに、アーナンダよ、智慧の完成が宣べられるときには、六種すべての完成が宣べられたことになるのである。（Wogihara [1973 : 248.20-240.1]）

いずれにしても、般若波羅蜜は五波羅蜜に内在する統一原理としての役割を果たすのであり、諸波羅蜜は般若波羅蜜によって波羅蜜たりえるのである。この記載に類した例文はその後も一貫していて枚挙にいとまがない。そのいくつかを更に挙げておこう。

1. 智慧の完成を習ったときには、六種すべての完成を習ったことになる（Wogihara [1973 : 192.12]）

2. 実に、一切智性（sarvajñatā）への道に入るためには、智慧の完成こそが〔他の〕五つの完成に先立つものなのである。……布施、持戒、忍辱、精進、禅定は般若波羅蜜なくしては、波羅蜜（完成）という名前を得ることはなく、生まれつきの盲人と同じである。導き手がないために、一切智性への道に入ることができない。（Wogihara [1973 : 383.19-384.5]）

3. この智慧の完成は六種の完成の中の先導者であり、案内者、指導者、教示者、顕示者であり、生母であり、乳母なのである。それはなぜかというと、智慧の完成を欠いた五種は完成であると知られないし、完成という名を得ないからである。（Wogihara [1973 : 788.15-19]）

このように明らかに般若波羅蜜を説くために、他の五波羅蜜を補足的に付加しているの

である。同じく『道行経』「功徳品」では、

菩薩、布施を与うるとも、般若波羅蜜は上に出づ。持戒し、忍辱し、精進し、一心し、諸経を分布し人に教うるとも、菩薩摩訶薩の般若波羅蜜を行ずるには及ばざるなり。……五波羅蜜は般若波羅蜜より出づ。（同 436b）

ともいうように、五波羅蜜は般若波羅蜜を説くために、むしろ否定的に述べられているにすぎない。

ところが、この『道行』第二期の後半、「阿惟越致品」第一五から「累教品」第二五の間になると、六波羅蜜が般若波羅蜜とともに肯定的に記されるようになる。

例えば「善知識品」第一九では菩薩摩訶薩の善知識（善き友）とは何か、という答えとして、①仏、②般若波羅蜜、③六波羅蜜の三つを挙げる。そこで第三については、

六波羅蜜は是れ菩薩摩訶薩の善知識なり。まさに是れを知るべし。六波羅蜜はこれ舎怛羅なり。六波羅蜜は是れ道なり。六波羅蜜は是れ護りなり。六波羅蜜は是れ一つ

なり。六波羅蜜は是れ将なり。過去の怛薩阿竭阿羅訶三耶三仏は皆、六波羅蜜より生ずる。甫当来の怛薩阿竭阿羅訶三耶三仏は皆、六波羅蜜より生ずる。今・現在・十方・阿僧祇刹の怛薩阿竭阿羅訶三耶三仏は皆、六波羅蜜より出て、薩芸若を成ず。（同 461c）

という。このように、六波羅蜜を般若波羅蜜と共に重視する教説となっている。また、「累教品」第二五では、世尊がアーナンダに六波羅蜜を委託するという場面がある。

菩薩は仏道を得んと欲するならば、まさに六波羅蜜を学ぶべし。何をもっての故に。六波羅蜜はこれ菩薩摩訶薩の母なり。仏、阿難に語る。「汝に六波羅蜜を嘱累せん。六波羅蜜は仏の不可尽なる経法の蔵、過去・当来・今現在の仏、皆六波羅蜜より出生す」。（同 469a）

この箇所はサンスクリット本では六波羅蜜ではなく、智慧波羅蜜を委託するというようになっているが、他の漢訳諸本では『道行』と同じく、六波羅蜜となっている。したがって、成立の遅いサンスクリット本になって、何らかの理由で六波羅蜜が般若波羅蜜と変更されたと見るべきだろう。

このように、第二期の後半部になると般若波羅蜜を最重要視しながらも、それと同時に六波羅蜜を平等に立てて説くようになる。六波羅蜜は舎怛羅（sāstṛ 教師）、道（mārga）などであり、世尊によってアーナンダに委託された仏母といわれるのである。これは般若波羅蜜と同様の地位を六波羅蜜に与えるもので、明らかにそれ以前の教説に較べ、一段と進展したものである。

以上の経緯を整理すると、「般若経」の最初期、『道行般若経』の原初形態が成立する頃には六波羅蜜が体系化されていなかった。したがって、この頃の教説には六波羅蜜が述べられなかった、という推論が成り立つ。『金剛般若経』が般若波羅蜜と忍辱波羅蜜以外を説いていないのも、同じ時期の成立であることによるのだろう。

次いで、般若教徒以外のグループのなかで六波羅蜜が体系化された。第二期の前半の否定的な引用がこれを物語るものである。般若教徒は、おそらく『阿閦仏国経』や『宝積経』のような般若波羅蜜を特に重視せずに六波羅蜜を説く、初期大乗経典を保持するグループと接触していた。その接触は彼ら自身の教理の確立を迫ることになったのである。それが、六波羅蜜に言及しながら、般若波羅蜜を特別視する教理の確立を促したのであろう。しかし、六波羅蜜説の導入はやがてそれを理論化する必要に迫られることになる。第二期の後半に見られる六波羅蜜の肯定的叙述はそれを物語るものである。もともとは般若波羅蜜のみを強調する文脈に、六波羅蜜にも同様の解釈を適用し、それを取り込んでいったのであろう。

なお第三期の「不可盡品」第二六、以下「嘱累品」第三〇までは、ただひたすら般若波羅蜜の教えの讃嘆が述べられるのであり、六波羅蜜についての記述はみられない。この部分は本経特有の縁起説や六二種の三昧説、サダープラルディタ（常啼）菩薩の般若波羅蜜の求道物語などからなり、よくできた一連のストーリーがあったことを予想させる。『道行経』としては最後に追加されたものではあるが、その内容は古く、般若波羅蜜説の展開という脈絡からしても、最初期の発達を想定するべきであろう。

［4］智慧と方便

一般的には般若波羅蜜は、智慧と方便として、巧みな手立て（善巧方便 upāyakauśalya）と不離の関係があるとされる。たとえば、二人の力持ちの男（般若と方便）が、年老いた病人を左右から支えるように、智慧と方便とは菩薩を完全な悟りという目的地にたどりつかせることができる。しかし、智慧と方便とを欠いた菩薩は、中途で堕落してしまうであろうという（Wogihara [1973 : 591.2-5]）。

あるいは、智慧と方便を備えた菩薩は、十分に航海の準備を行って出帆した船のように、目的地に到着できる。また、その巧みな手立て（善巧方便）は般若波羅蜜の自然な結果として、獲得できるものなのであるという（Wogihara [1973 : 587.15-588.5]）。なお、ここで言う、「菩薩が中途で沈む」とは、声聞・独覚の階位に陥ることである。また、

如来がなくなり、正法が消滅したときには、如来は世間に存在しないのだから、何らかの宗教的行為、平等の行為、たぐいない行為、善い行為が世間において知られ、栄えるとすれば、それはみな菩薩から生まれ、菩薩によって繁栄し、菩薩の巧みな手立てから起こったものである。そして、その菩薩たちの巧みな手立ては、般若波羅蜜から生じている、と知るべきである。（Wogihara [1973 : 237.14-20]）

これは前述したように、般若波羅蜜と六波羅蜜の関係にも転用される。菩薩摩訶薩は六

種すべての完成を追求するのだが、その場合、般若波羅蜜こそが先に立つのである。菩薩摩訶薩が、布施を行うとき、持戒を守るとき、忍辱によって成功するとき、精進をはじめるとき、禅定にはいるとき、あるいは教えを考察するとき、菩薩摩訶薩にとって般若波羅蜜が先んじている。

しかし、これら六種の波羅蜜には、善巧方便を伴い、般若波羅蜜のほうへ廻向され、一切知者性のほうへ廻向されているとき、区別はないし、種別も認められない。……六波羅蜜は善巧方便を伴い、智慧波羅蜜に振り向けられ、一切智者性に振り向けられているとき、何の区別もなく、また種別も認められない。(Wogihara [1973 : 280.20-281.22])

このように、あくまで智慧の完成が先にあるのだが、善巧方便に伴われ、般若波羅蜜と一切智者性に振り向けられているならば、六波羅蜜それぞれには何の相違もないというのである。このような考え方は、一つの波羅蜜行を実践することによって、他の五つの波羅蜜行を実践することになるという、いわゆる「六度相摂」説に発展する。

ただし、これは道行般若系統（小品系）には見られないもので、放光系統（大品系）、特に『放光般若経』「六度相摂品」第六九などに説かれる発展した教理であって、六波羅蜜説を論理的に受容した最終的な展開と見ることができる。

（3）般若波羅蜜の定義と一切智

般若波羅蜜は般若経の中で繰り返し多様な表現で説かれており、概略することもなかなか困難であるが、その代表的な例を『八千頌般若』から引用しておく。

（a）「一切智者性というものは、これすなわち般若波羅蜜にもとづいて求められるはずだからである」（Wogihara [1973 : 245.14-15]）

（b）「如来、阿羅漢、正等覚者たちの一切智者性という大きな宝は、実に、大海のような［広大な］般若波羅蜜から生じたものである」（Wogihara [1973 : 246.8-10]）

（c）「般若波羅蜜は、過去・現在・未来の如来、阿羅漢、正等覚者たちを生んだ、生みの親たる母であり、一切智者性をもたらすものである」（Wogihara [1973 : 870.2-4]）

ここに見られるように、般若波羅蜜はしばしば一切智者性（sarvajñatā）と関連して述べられ、原則として般若波羅蜜にもとづいて一切智者性がもたらされるとされる。さらに、次のような用例もある。

（d）「世尊よ、すばらしい。善逝よ、最高にすばらしい。この般若波羅蜜が菩薩摩訶薩にとって、一切智者性をもたらし、助けるものであるとは」（Wogihara [1973 : 185.7-9]）

（e）「一切智者性というものは、これすなわち般若波羅蜜にもとづいて求められるはずだからである」（Wogihara [1973 : 245.14-15]）

（f）「般若波羅蜜は、過去・現在・未来の如来、阿羅漢、正等覚者たちを生んだ、生みの親たる母であり、一切智者性をもたらすものである」（Wogihara [1973 : 870.2-4]）

（g）「諸仏世尊たち、および、これ、すなわち般若波羅蜜から生じたものである彼らの一切智者性にも心をそそぐべきである」（Wogihara [1973 : 889.22-23]）

このように、般若経においては、〝一切智者性は般若波羅蜜によってもたらされるもの〟であり、しかもそれは三世の諸仏世尊に共通の悟りである。この不離の関係をさらに詳細に述べたものが、以下の第七章「地獄品」の用例である。

本引用は先の一切智性（sarvajñatva）で引用した箇所に連続するもので、シャーリプトラがインドラ神（カウシカ）に向かって、般若波羅蜜が五波羅蜜の導師であることなどを述べる。この場面で般若波羅蜜と一切智者性の関係が具体的に述べられるのである。

（h）「カウシカよ、般若波羅蜜と善巧方便に守られた菩薩摩訶薩は、善行徳目（puṇya-kriyā-vastu）を随喜の心とともに、一切智者性に廻向して（sarvajñatāyāṃ pariṇāmayan）、前に述べられた、認識への執着をいだいているかの菩薩たちの、あるいは布施にもとづく福徳の累積、あるいは持戒、忍辱、精進、禅定にもとづく福徳の累積のすべてに打ち克つのです。この理由によって、私に［上述のような］質問が生じたのです。

カウシカよ、実に、一切智者性への道（sarvajñatā-mārga）に入るためには、般若波羅蜜こそが［他の］五波羅蜜に先立つものです（pūrvaṃgamā）。カウシカよ、例えば生まれつきの盲人は、たとえ百人であれ、千人であれ、十万人であれ、導き手なしには道を行くことができず、村や都や町に到ることもできません。

それと同様に、カウシカよ、布施、持戒、忍辱、精進、禅定は般若波羅蜜［に伴われること］なくしては、波羅蜜（完成）という名前を得ることはなく、生まれつきの盲人と同じです。導き手がないために一切智者性への道に入ることができません。まして、一切智者性に到達することが、どうしてできるでしょうか。けれども、カウシカよ、布施、持戒、忍辱、精進、禅定が般若波羅蜜によって守られている時には、波羅蜜という名前を得、波羅蜜という言葉で呼ばれるのです。その時、これらの五つの波羅蜜は、一切智者性への道に入るための、また一切智性に到達するための眼を持つにいたるのです」。（Wogihara [1973 : 383.5-384.6]）

このように、まず般若波羅蜜が五波羅蜜に先立ってなければならない。般若波羅蜜は五波羅蜜の眼として、これらの波羅蜜という完全な実践を制御する。さらに、この五波羅蜜は菩薩のための眼となり、一切智者性への道へと導く。菩薩はこの道に入って、一切智者性に到達するのである。したがって一切智者性は、この般若波羅蜜によって実現される究極的なものなのである。

次の用例は『八千頌般若』第七章「地獄品」の冒頭で、シャーリプトラ（舎利子）が自分に生じた般若波羅蜜についての考えを世尊に述べ、それについて世尊から認可を得るという場面である。この中に「一切智者の智」（sarvajñajñāna）と「一切智者の本性」（sarvajñatva）と「一切智者性」（sarvajñatā）という一切智に関する三つの語を見ることができる。

［舎利子］「世尊よ、般若波羅蜜とは〈一切智者の知〉の成就（sarvajña-jñāna-pariniṣpatti）のことです。世尊よ、般若波羅蜜とは〈一切智者の本性〉です（sarvajñatvaṃ）」。（Wogihara [1973 : 379.4-5]）

「般若波羅蜜は間違った道に入りこんだ有情たちを［正しい］道に導くものです。世尊よ、般若波羅蜜はまさに〈一切智者性〉です（sarvajñatā）。世尊よ、般若波羅蜜は、すべての煩悩［の障害］と所知という障害のなごり（習気 vāsanā）との結合を断っていることから、すべてのものを生じさせないのです（anutpādikā）」。（Wogihara [1973 : 379.23-380.3]）

このように、一切智者性は原則として般若波羅蜜にもとづき、悟りの本質と同義で述べられるのを常とする。一切智者はブッダと同じく理想的存在であったが、特に般若経では、その理想の境地は般若波羅蜜によってもたらされると教える。そしてその大乗的な境地を、「無上なる完全な悟り」(anuttarā samyaksambodhi)、あるいは「一切智者の本性」(sarvajñatva)、「一切智者性」(sarvajñatā) と呼んでいるのである。それではその一切智者の本性へ至るにはどうしたらよいのであろうか。またそれが本当に可能なのであろうか。

(4) 一切智から三智へ

[1] 三智の定義

梵本『二万五千頌般若』第五章には、三智を主題にする節がある。漢訳では『大品』「三慧品」第七〇品 (T8, 375bc) に相当する。そこで三智について次のように定義している。

〔スブーティ〕「それらを如来がお説きになっていますが、これら〝三つの一切智〟にはどのような区別があるのでしょうか?」

〔世尊〕「一切相智（sarvākārajñatā）は如来・阿羅漢・正等覚者のものであり、道智（mārgajñatā）は菩薩・摩訶薩たちのものであり、一切智（sarvajñatā）はすべての声聞・独覚のものである」。（Kimura [1992 : 124-125.18-24]）

以下、世尊は順次に三智を定義してゆくが、それを纏めると以下のようになる。

①一切相智

形相（ākāra）、象徴（liṅga）、特性（nimitta）に限り、諸法は形相、象徴、特性によって説示されるが、それらの形相、象徴、特性は如来によって覚知される。その故に、一切相智は如来・阿羅漢・正等覚者のものといわれるのである。

②道智

一切の〔実践〕道（sarva-mārga）は、菩薩摩訶薩によって生まれるのではない。

一切の〔実践〕道は次のように知られるべきである。一つは声聞の道であり、独覚の道であり、そして菩提への道（bodhi-mārga）、それらの道が成満されるべきなのである。それらの道によって道の所作がなされるべきであり、これ〔菩薩摩訶薩〕によって、〔三つの道〕によって、真実の極みが究尽されるべきなのではない。なぜ菩薩摩訶薩によって真実の極みが究尽されないかというと、本願を満たさずして、衆生を教化せずして、仏国土を浄化せずして、かの菩薩摩訶薩により、真実の極みが究尽されるべきではないからである。その故に、菩薩摩訶薩たちの道智と言われるのである。

③一切智

まさにある限りのすべてとは、内外に属するもののすべてであり、それらはすべての声聞・独覚たちによって了知されているのであるが（jñatā）、一切の道（mārga）〔知〕や一切の形相（ākāra）〔知〕によって〔了知されるの〕ではない。

このように、『二万五千頌般若』では三智をそれぞれ形相（ākāra 相）、道（mārga）、知（jñatā）という概念に対応させながら、①一切相智は如来・阿羅漢・正等覚者、②道智は菩薩・摩訶薩、③一切智は声聞・独覚に結びつけて説明する。このように三智は三乗に対応して説かれているのであり、三乗思想を前提とするのである。また、ここで重要なのは三智を三つの一切智と称することと、一切の〔存在に通じている〕道智という概念を提示していることであろう。

一方、漢訳ではこの箇所はかなり異なっている。たとえば羅什訳『大品般若』「三慧品第七〇」には、一切智、道種智、一切種智という三智が述べられるが、それによれば次のように三智の順序が異なっている。

①一切智

声聞や縁覚という二乗の智で、十二処などの一切法を知る智。

②道種智（玄奘訳：道相智）

菩薩の智で、一切の道に通暁する。菩薩はこの智をもって三乗の道に通暁し、衆生を度する。

③一切種智（玄奘訳：一切相智）

諸仏の智で、その対象は一相、すなわち一切諸法が寂滅する相である。仏はこの平等相の立場から、諸法の行類・相貌・名字の差別相を如実に知る。

[2] 三つの一切智

上に引用した『二万五千頌般若』の「これら三つの一切智には区別があるのでしょうか」というスブーティの問いは、三智がもともと一切智であったことを示すものである。ただし、この箇所の『大品般若経』(T8, 375b)では、一切智(薩婆若)・道種智・一切種智という三つの智を区分しながら、「この三種の智は何か差別あらん」とするのみであり、三智を纏める特別な語は見られない。これに対して玄奘訳『大般若経・第二会』(T7, 337b)では、「〃一切智智〃に略して三種あり。謂く、一切智・道相智・一切相智なり」とし、三智を総括するものとして一切智智(sarvajña-jñāna)を別に立てる。ただし、この一切智者の智(一切智智)は、三智の成立後に発達した語であり、三智を総称する一切智と区別するために要請された概念であろう。

なぜなら、大品系のすべての訳に一切智智、或いはその相当語を見いだしえないからである。拡大般若全体で見ても、一切智智は玄奘訳『大般若経』以外では、最も訳出の遅い小品系の施護訳(九八五年訳)『仏母出生』(T8, No.228)に多く現れるのみである。したがって、一切智智は三智が確立した後の仏智を示す用語であって、その漢訳の状況が、この箇所に見られる梵本『二万五千頌般若』には対応しない所以と考えられる。『八千頌般若』には三乗思想が発達しておらず、三智はみられなかった。しかし、前述したように、『一万八千頌般若』の智慧の概念を継承しながら発展した『二万五千頌般若』においても三智の教説は、完全に整備できているとは言えない。特に以下のような一切智の規定にそれが見られる。

スブーティが申し上げた。「世尊よ、これらは一切相智性、道智性、一切智性であり、〈これら三つの一切智性〉の中で（āsāṃ tisṛṇāṃ sarvajñatānāṃ）、煩悩を断つのに、この不完全な断滅、この完全な断滅といった多様性があるのでしょうか」。（Kimura [1992 : 126.7-9]）

ここで「これらは一切相智性、道智性、一切智性であり、これら三つの一切智〔性〕」と言明されているように、一切智には、三智に対する総括的な呼称と、それの分化である三智の第三という、広略二つの概念があることが明らかとなる。

この二つの一切智があることは般若経の形成過程の中で生まれた一切智の発展に起因す

るものである。元々はブッダの智である一切智しか説いていなかった伝統的仏教とそれを受け継いだ初期般若経が、三智とそれに対応する修行道が体系化されるに及んで発生した二つの基準であった。

［3］三智と三乗

三智は「三つの一切智」といわれるように、大品系諸本では明確に区別されている。その一切智は狭義としては、菩薩以前の修行者（声聞）・独覚の智慧であり、広義には三智を含む総括的な智慧として用いられていることがわかった。それは『八千頌般若』から『二万五千頌般若』にかけて菩薩思想が進展し、三乗思想として確立してゆく状況に従って、智慧の思想も展開したという事情を反映しているものである。

また、道智も声聞、独覚、菩薩・仏という、いわゆる三乗の領域を対象とする多義性が見られた。つまり、三乗すべての道が菩薩の実践の道の対象となるのである。先の『二万五千頌般若』で検討したように、道智が「菩薩摩訶薩の道智」であるといいながら、「一切の〔実践〕道は、菩薩摩訶薩によって生まれるのではない。一切の〔実践〕道は、声聞の道であり、独覚の道と知られるべきである。そして、それら菩提への道（bodhi-mārga）

こそが、成満されるべき道なのである」（Kimura [1992 : 125.1-3]）とする。このような教説にこそ、菩薩思想を中核にしながら発達した三智の性格を見ることができる。

このような知がどのように考えられたのかというと、本経ではすべて般若波羅蜜を根源として展開することが基本となる。そして般若波羅蜜が仏智である一切智と不可分であると見なされるのである。このことをまとめると以下のようになるだろう。

一切智性は大乗の菩薩運動によって、従来の修行体系の上に菩薩が位置づけられ、その菩薩に帰せられるべき新たな智慧の解釈が求められ、こうして三智の思想が生まれた。しかし、この智慧はもともとブッダの一切智であるため、一切智に三智の総称（広義）と、別称（狭義）の二つの意義をもって使われることになる。

また、菩薩の道［種］智も、仏の智慧である一切相智に至る道を知るはたらきと、衆生を救済するために声聞や独覚の道も知ることが必要である。そこで三乗の道を知る智が、すべて菩薩の道智に含まれることにもなる。このことは、声聞、独覚、菩薩・仏という三乗が、すべて菩薩であり、三乗の菩薩と呼ぶ般若経の表現にみられるものと同じ論理である。このことが、大乗仏教が菩薩運動であるという所以なのである。

なお、道智は『八千頌般若』には用いられていない語で、『一万八千頌般若』、『二万五千頌般若』などの拡大された般若経や、弥勒の『現観荘厳論』、及びハリバドラ（八世紀頃）の註釈（『現観荘厳光明』）等において認められるようになることから、般若経が増広されるにつれて発達した概念といえる。このことも般若思想史における菩薩道の展開を明らかにする根拠となるであろう。

（5）三乗思想の展開

三乗思想はインド仏教に始まり、東アジアに大きな影響を与えた思想である。特に『法華経』では、三乗が一乗に導くための方便説であり、究極的には一仏乗に帰すとされたことから、中国天台や華厳宗において重視され、その後の大乗仏教の思想に多大な影響を与えた。この思想は実は般若経において、より鮮明に表現される。

以下は、仏教史の発達の中で三乗思想の成立と展開を明らかにし、般若経の説く三乗思想を位置づけてみたい。

［1］三種菩提

そもそも仏教の目的は悟りを得ることであり、その体験をブッダが語ることから始まる。その悟りはアヌッタラー　サンミャックサンボーディ（阿耨多羅三藐三菩提、無上正等覚、無上正等菩提）といわれたが、原始仏教や部派仏教ではこの悟りと区別して、阿羅漢になることを目的とする阿羅漢菩提、あるいは声聞菩提が説かれ、ブッダの悟りと区別されるようになった。初期の仏教では弟子と師たるブッダの悟りには明確に一線が画されていたのである。したがって、大乗仏教で凡夫の弟子たちが菩提心（無上正等覚心）を発して正覚を得ることができると宣言するに至るまでは、教理的にかなりの飛躍があることがわかる。

その間の悟りの考察についての発展を示す概念が、主に有部などで説かれた三菩提説であり、それが三乗という大乗仏教に特有の思想へと展開するのである。

三菩提説は声聞菩提・独覚菩提・仏菩提からなるが、仏菩提とはブッダの悟りそのものであり、無上正等正覚である。そして、この声聞・独覚・仏の三菩提に基づきながら、〈ブッダの悟りこそが、菩薩の悟りである〉と読み替え、菩薩を強調するのが三乗説に他ならない。

このように三乗とは、もともと声聞乗・独覚乗・仏乗の三種であり、大乗において最後の仏乗が菩薩乗と置き換えられたという、思想的変遷があったのである。このことを般若経の展開の中で跡づけておきたい。

［2］小品系漢訳諸本の菩薩乗

三乗説の中で最も重要なのは仏乗あるいは菩薩乗である。最初に小品系の般若経諸本における「菩薩乗」の用例をみると、最初期の般若経である『道行般若経』、『大明度経』、『摩訶般若鈔経』という古訳にはこの語がない。ところが四〇八年羅什訳『小品般若経』になると二箇所（三例）登場し、同じく小品系統であり五七七年後に漢訳された施護訳『仏母般若経』（九八五年訳）には一六箇所（二六例）と増加する。同じ傾向は、「仏乗」についてもいえる。

このように、初期般若経の系統では必ずしも菩薩乗という概念が確立していたとは言えず、後代の翻訳になるにしたがって、菩薩乗という語が用いられるようになったことがわかる。

ただし、菩薩乗や仏乗、あるいは二乗や三乗という語は用いられないが、すでに『道行』の中で、批判の対象として阿羅漢・辟支仏を纏めて論じたり、〔阿〕羅漢・辟支仏地に対する仏地に言及し、菩薩は二地に堕せずと述べたりすることから、般若経の初期の段階から、伝統的な修行者に対する批判として、新たな菩薩の修行道を提示するという課題があったことは確認できる。

[3]『八千頌般若』の三乗と菩薩乗

ところで、梵本『八千頌般若』は漢訳よりも後の発展した形態を伝えるものである。その例として、三乗の第三として挙げられる項目が、漢訳では仏乗のみであるのに対し、梵本は大乗(mahāyānika)が用いられていることが挙げられる。

ここにおいて、梵文では菩薩・独覚・声聞乗とが複合語となって並んでいるが、漢訳を確認すると『仏母』では乗(-yānika)という言葉が抜けており、『小品』では独覚(pratyekabuddha)も書かれていない。これにより、梵文の「菩薩乗・独覚乗・声聞乗[によって修行する]人々の」(bodhisattva-pratyekabuddha-śrāvaka-yānikānāṃ)という語は、後の発展した形態であることが示唆される。

Wogihara [1973 : 368.7ff.] 他方で、智慧の完成と巧みな手立てにまもられた菩薩摩訶薩があって、過去・未来・現在の諸仏世尊の戒身、定身、慧身、解脱身、解脱知見身（以上は五分法身か）と、かれら菩薩乗・独覚乗・声聞乗［によって修行する］人々の、またかれらの他の諸衆生によって植えられた、植えられるであろう、また植えている諸善根、それら全てを一団にまとめ、……不可思議な随喜によって随喜するとしよう。
『小品』大正, vol. 8, 549b23-27 若有菩薩於過去未来現在諸仏、所有戒品定品慧品解脱品解脱知見品、并諸声聞弟子、及凡夫人所種善根、合集称量是諸福徳、以最大最勝最上最妙心随喜。
『仏母』大正 , vol. 8, 612a7-13 若菩薩摩訶薩、於此般若波羅蜜多修習方便、為般若波羅蜜多所護者、能於過去未来現在諸仏所有戒定慧解脱解脱知見諸蘊善根、及縁覚声聞所有善根、如是等種種善根、和合聚集称計較量、以最上最極最勝最妙、広大無量無等無等等心皆悉随喜。

［4］平等な三乗

一方、『八千頌般若』には三乗に言及する二つの例がある。まず、最初は第三章「塔品」にあるもので、熟語としての三乗に言及する唯一の例である。

そこで四大王は世尊に次のように申し上げた。「世尊よ、この般若波羅蜜を手に取り、記憶し、唱え、学習し、宣布する、その善男・善女が、衆生を〈三乗において〉（yāna-traye）訓練し、しかも衆生という想いを起こさないとは、希有なることです」。（Wogihara [1973 : 190.15]）

この箇所に対応する小品系の漢訳を見ると、七訳すべての対応箇所が欠けている。おそらく小品系統では三乗という教説は確立していなかったからであろう。

もう一つは、同「真如品」第一六における三乗の用例で、これはシャーリプトラ長老の「法性において、すべてのものにとどまらないという方法でとどまっている」というスブーティ長老への反問である。

また実にスブーティ長老よ、如来によって三種の菩薩乗〔によって修行する〕人々が説かれているが、〔あなたの説によれば〕それら三種の確定は存在しないことになる。なぜなら、スブーティ長老の所説では、唯だ一つの乗り物（ekam eva hi yānam）、すなわち仏乗〔である〕菩薩乗があるだけとなるからです。（Wogihara [1973 : 657.15-19]）

上記のように、三種の菩薩乗という注目すべき語が見られる。これは、いわゆる声聞、独覚、菩薩・仏という三乗を三種の菩薩乗と言い、さらにこれらを、ただ「一つの乗り物」（一乗）とし、しかも菩薩乗と仏乗は同一視されている。このようなスブーティ長老の教説をシャーリプトラ長老が反問する。これに対して、スブーティ長老は次のように答える。

シャーリプトラ長老よ、真如の真如なるもの、そういう真如において、声聞乗によって、あるいは独覚乗によって、あるいは大乗〔によって修行するもの〕であれ、ただ一種の菩薩さえもあなたは見るであろうか？（Wogihara [1973 : 658.19-22]）

このように、シャーリプトラ長老よ、〔最高の〕真実の立場、永遠性の立場からすれば、その菩薩のありよう（菩薩法）が認識されないのに、どうして〝これは声聞乗によって修行するものである。これは独覚乗によって修行するものである。これは〈大乗によって修行するもの（mahāyānika）〉である〟という〔考え〕が、あなたの中

に生まれるであろうか？（Wogihara [1973 : 659.15-18]）

上記のように、まず三乗を「如来によって説かれた三種の菩薩乗」と表明し、仏乗〔である〕菩薩乗と同一視しながら、三乗を声聞乗、独覚乗、大乗〔によって修行するもの〕とも言う。この文脈から以下の三つの言明が読み取れる。

①如来は、三乗はすべて菩薩乗であると説かれている。
②スブーティ長老の説によれば、真如の立場からは三乗に区別はない。
③三乗のすべてが仏乗である菩薩乗であり、それをただ一つの乗りもの（一乗）とする。

また、上記の箇所の漢訳についても見ると、それぞれ対応する箇所はあるが、三乗という語は『道行』等の古訳には見られない。一方、『小品般若』「大如品第一五」「仏は三乗の人則ち差別なしと説けり」（仏説三乗人則無差別、563c4-5）や『仏母出生』「真如品第一六」「仏の三乗を求める人の所説は、まさに差別なかるべしや」（仏所説求三乗人応無差別耶、640b19）という新しい漢訳にのみ記されている。

ここで確認しておくべきことは、この引用箇所に対応する漢訳のすべてが、三乗を「声聞・辟支仏・仏乗」とすることである。ただし、『仏母出生』はサンスクリット本に極めて近く、「真如法の中に一菩薩法は尚不可得なり。なにをか況んや、声聞、縁覚の法、可得ならんや」（真如法中一菩薩法尚不可得。何況声聞縁覚之法而可得耶、640c1-2）というように、声聞・縁覚の法に対する菩薩法というように明確に二乗を意識して対応させているが、これは後代に改編されたただ一つの例といえよう。つまり、『八千頌般若』では、菩薩乗・大乗・仏乗が交換可能であるのに対し、漢訳ではそうではない。三乗の第三は常に仏乗とされるのである。これはアビダルマ以来の三菩提、三種性という伝統的な教説に基づいたものと言えよう。

［5］三種の菩薩乗と一乗

漢訳諸本に見られるように、小品系の初期の段階においては、三乗思想はまだ充分に発達していなかった。したがって、菩薩乗を含んだ三乗は見られなかったし、三乗という語そのものも確実な用語とはなっていなかった。また、上記の梵本『八千頌般若』では、三乗について「如来によって説かれたこれら「三種の菩薩乗」（によって修行する）人々」とする。

もちろんこの三乗の例は唯一の例外であるが、ここで注目されるのは、〈三乗とは菩薩道の三種類〉であると明白に述べられていることである。ここに対応する『一万八千頌般若』、『二万五千頌般若』も「菩薩乗の三種に区別はない」と繰り返しているので、般若経の主張は一貫している。つまり、三乗とは、菩薩の三つの修行形態を言っているのであり、これが前述した「一〔仏〕乗」の意味なのである。

また、『小品』も『大品』も三乗を「声聞乗、辟支仏、仏乗」とし、如来はこのように三種の菩薩乗を説いたとしているが、真如の立場から言えば、菩薩のあり方は一つである。この「一つの菩薩」を『八千頌般若』は「ただ一つの乗り物、つまり仏乗〔である〕菩薩乗だけがある」とするのである。

一方、『二万五千頌般若』も「これら三つの菩薩乗の人々」(Kimura [1990 : 133.19-20])といい、続けて「菩薩摩訶薩はただ一つとなるだろう。つまり〔長老スブーティが説いたような〕菩薩乗である」とし、三つの菩薩乗を、「声聞乗の菩薩、独覚乗の菩薩、菩薩乗の菩薩」、あるいは「声聞乗の菩薩、独覚乗の菩薩、仏乗の菩薩」と明記する。このように、三乗すべてに共通する菩薩の存在を述べているのが確認できる。

[6] 三乗思想の確立と展開

以上のように般若経の三乗思想と言っても一様ではなく、『婆沙論』などの部派仏教の「声聞・独覚・仏」という三種性、三菩提の教説から、菩薩思想の発達にともなって、般若経諸本の中で、菩薩の修行道としての三乗思想が確立していった。特に初期の小品系統では三乗の教説は確立していなかったが、次第に三乗の語も見られるようになる。しかし、その場合でも三乗の第三は菩薩乗ではなく仏乗であったが、徐々に第三の仏乗を菩薩乗と読み替えるようになり、大品系統では「声聞・独覚・菩薩」という形に集約されてゆく。そして、大乗という意識も明確になり、最終的に菩薩乗こそが大乗であるとも言われるようになった。

それとともに、『一万八千頌』に明確に見られる〈三種の菩薩〉という思想を介在して、仏乗から菩薩乗、大乗、さらには一乗という変化も、漢訳諸本の新古の中に、時代を追って読み取ることができたのである。

また、三乗思想は大品系で確立されるが、そこに見られる菩薩乗は、二乗を超える唯一の乗（道）であり、同時に三乗すべてに共通するとされる。そこには菩薩に二つの意味を付与していることが分かる。一つは声聞・独覚の二乗を超越する最高の実践を行う菩薩で、二乗に対して相対化した意味を付与するものである。もう一つは菩薩の原初的な用法で、悟りを求める者という義に基づき、大乗が推奨する唯一の乗（道）を実践する者ともなる。

この意味での菩薩は、『大品般若経』が〈求道者〉と訳すように、声聞乗であれ、独覚乗であれ、菩薩乗（仏乗）であれ、悟りを求めて実践するという意味ではまったく同じ価値を持つ。声聞乗の菩薩、独覚乗の菩薩、菩薩乗の菩薩という不可解な文脈は、その意味でのみ理解しうる。

それは真如という立場から、同一であるという説明もあるが、畢竟空や真如を持ち出すまでもなく、「菩提を目指して仏道を踏み行う者」という意味で等しいということでもある。このことは『婆沙論』等で説かれる三菩提説と共通の論理であり、大品系がその教説を踏まえながら、空性論理によって再解釈したことは充分予想される。

なお、大品系では、三乗や「菩薩の三種性」が、「般若波羅蜜〔多〕秘密蔵の中で説かれている」教えであることを明かす。そして、三乗に二諦説を適用しつつ、「真如の立場からは」三乗が世俗諦であるとし、それを論理の根拠に据え、三乗すべてが畢竟空であるとし、その限りですべてに価値的同一性を見いだすようになってゆく。

また、三乗説は〈声聞・辟支仏地から菩薩位に入り、一切種智を得て、〔第二の〕転法輪にて、三乗によって衆生を解脱させる〉（『大品』T8, No.223, 382c2-6）という修道論の一環として解説されるが、これら大品系独自の思想的展開については、一連の菩薩思想の発達史の中で捉えるべき問題なのである。

なお、以下は『小品般若経』にみられる一切種智の唯一の例である。

もし、菩薩にして般若波羅蜜に随って行じ、教うる所を行ずる者、この菩薩は、一切種智を断ぜず。この菩薩は阿耨多羅三藐三菩提に近く、この菩薩は必ず道場に坐す。（若菩薩行随般若波羅蜜所教行者。是菩薩不断一切種智。是菩薩近阿耨多羅三藐三菩提。是菩薩必坐道場。T8, No.227, 573a10-12）

この一切種智に対応する箇所の『八千頌般若』原文は sarvajñavaṃśa（Wogihara [1973 : 806.15]）であり、三智の一つである sarvākārajñatā ではないが、一切智者の種性を「ブッダの種性」（buddhavaṃśa）と解して、一切種智と訳したのであろう。ただし、この箇所に対応する玄奘訳『大般若経』は「一切智智種性」（初会、二会、三会 658c、四会 843b、五会658c）とあり、サンスクリット原文に一切智者の智の系譜（sarvajñajñāna-vaṃśa）とあった可能性もある。ここにも智の思想の展開を見るのである。

（6）一刹那相応の般若

般若経の註釈で最も重要なのは弥勒造『現観荘厳論』（*Abhisamayālaṃkāra-nāma-prajñāpāramitopadeśaśāstra*、通称 *Abhisamayālaṃkāra*）である。

『現観荘厳論』は『二万五千頌般若』を仏に至るための修行階梯を説くものと解釈して、その段階を以下の八章——①sarvākārajñatā（一切相智）、②mārgajñatā（道智）、③sarvajñatā（一切智者性）、④sarvākārābhisambodha（一切相現等覚）、⑤mūrdhābhisamaya（頂現観）、⑥anupūrvābhisamaya（次第現観）、⑦ekakṣaṇābhisamaya（一刹那現観）、⑧dharmakāya（法身）に分けて註釈する。その第七章が「一刹那現観」（ekakṣaṇa-abhisamaya）と言われる。

この語に関連するのが、一瞬を意味する一刹那（ekakṣaṇa）、あるいは一心刹那（ekacittakṣaṇa）である。両者は同義であるが、特に「一心刹那」は一瞬を心の動きという視点で捉える点で注目される。この語は般若経の中で何度か登場するが、『現観荘厳論』では、この一瞬の現観を通過して、行者は法身に至るとされる。

修行道における一瞬で最も重要なのは悟りの瞬間、つまり、悟りに入る一瞬の変化ということであろう。この迷いから悟りへ移る一瞬間、そこで何が起こるのか、覚者の智慧はどのように変化するのか、そしてそれはどのように実現されるのだろうか。そのシステムの確立が仏教の実践体系であり、仏教の究極のテーマである。このことは、初期大乗仏教を代表する『般若経』においても、悟りの智慧である一切相智と関連する中でのみ述べられることからも明らかである。

般若経の中でも最も初期に成立した小品系般若には、この瞬間を含んだ修行道の体系化は見られない。例えば『八千頌般若』には「一度の発心」(ekacittotpāda)とか、「心の一瞬間」(cittakṣaṇa 心刹那)とかいう表現はあるが、それは般若(prajñā)と関連するものでもないし、悟りへの階梯という実践体系の中で述べられるものではない。

上述のように『八千頌般若』には心刹那という数少ない例以外に刹那に関する言及は見られない。これに対して、『二万五千頌般若』ではかなり発達した成仏観を構築するようになる。

『二万五千頌』は悟りに至る階梯を詳細に分析するが、その中で注目されるのは頓悟の智慧を意図する「一刹那に相応した般若」についてである。この智慧は般若（prajñā）であるから、悟りに結びつく特別な智慧ではあるが、この語（同義と思われる類語も含む）は『二万五千頌』第一章と第五章と第八章に計六例現われるのみである。智慧を説く経典としては、そう多い頻度ではないが、前述したように、修行道の最終局面で重要な機能を果たしていると考えられる。

この語「一心刹那」（ekacittalakṣaṇa-）には ekakṣaṇa-（samāyukta-prajñā）や ekalakṣaṇa-（samāyukta-prajñā-）などという類似表現もあるが、ここではすべて一刹那のことである。以下はこれらを併せて検討しておく。なお、以下に引用するのは全部で六例であるが、そのうち㈠と㈡は「一刹那に相応した般若」、㈢～㈤は「一刹那に相応した般若」が金剛喩定との関連で説かれるもの、㈥は一刹那相応の般若がブッダとなる智慧の特徴として描かれる例である。

まず最初に『二万五千頌』第五章の「一刹那に結びついた般若」によって、あらゆる表象を知るという仏の智慧（一切相智性）を得るという例を見てみよう。

㈠「実にスブーティよ。六波羅蜜を実践しつつあるかの菩薩摩訶薩は、菩提の道について、修学する。乃至、如来の十力を備え、四無所畏、四無礙智、十八不共仏法、大慈大悲、一切相智という智慧を備える。スブーティよ、これらが菩提への道である。彼はこれら菩提の道によって〔六〕波羅蜜を完成するのである。〔六〕波羅蜜はそのすべてを完成し、「一刹那に相応した般若によって、一切相智性に到達するであろう」。彼にはその境地で一切の習気と結合した煩悩が断滅するであろう。〔それらが〕不生の瞑想（断滅）である」。（Kimura [1992 : 137.21-25]）

次は、『二万五千頌』第五章からの引用で、一刹那相応の般若とよく似た表現である「一刹那に相応した般若」（ekalakṣaṇa-samāyukta-prajñā）の用例である。

㈡「私はこれら五神通を虚空と同じであると見通し、瞑想する。さらにスブーティよ、私は〝一刹那に相応した般若によって〟、無上なる正しい悟り、すなわち、これが苦しみであり、これが苦しみの集まりであり、これが苦しみの滅であり、これが苦しみの滅を得る道であると現等覚し、如来の十力を備え、四無畏、四無礙、十八不共仏法

を備え、衆生を三つのグループに区分する」。(Kimura [1992 : 169.3-9])

次は金剛喩定と関連して説かれている注目すべき用例である。

(三)「たとえば阿羅漢がすべての道を学んで正性決定の位に入る。しかし、結果の道に生じない限り、結果には至らない。全く同じように、スブーティよ、菩薩摩訶薩はすべての道に生じ、菩薩の確定した状態(正性決定)に入る。しかし、金剛のような三昧(金剛喩定)を獲得しない限り、すべての形相についての智(一切相智)に至らない。それ(金剛喩定)から、かの〝一相と結合した般若によって〟、すべての形相についての智(一切相智)に至る」。(Kimura [1992 : 153.19-23])

この例では菩薩道の実践によって菩薩の決定位(bodhisattva-niyāma)に入る。次いで、金剛喩定を経由して、一刹那と結合した般若によって(ekalakṣaṇa-samāyuktayāprajñayā)、ブッダの智慧である一切相智(sarvākārajñatā)を獲得するという経緯をたどる。これは「菩薩の決定位」と「金剛喩定」を加えてはいるが、(一)あるいは(二)とほぼ一致する。

菩薩の決定位とはアビダルマの修行道を前提にしたものである。阿含では預流（srotaāpanna）は正覚に趣くことが決定している流れに預かった聖者というにすぎなかったが、有部アビダルマでは預流は見道に入ったとき正性決定（samyaktva-niyāma）を得ると規定された。この修行論によれば、凡夫が聖者になることが正性決定に入ることなのである。この預流の聖者には有漏道による断惑は残っているが、はじめて無漏の慧が生ずるのであり、必ず涅槃に趣くことに定まるからである。しかし、大乗ではこれをもって菩薩の正性決定と構成し直したのである。この段階は大乗仏教の菩薩の初地に当たるとされる。

また、「金剛喩定」とは、有部のアビダルマでは、阿羅漢向の者が、有頂地第九品の修惑を断ずる最後の一瞬（無間道）、阿羅漢果の直前を言う。しかし、大乗では、一切の諸煩悩・結使を余すところなく破壊する三昧で、学人の最後心（末後心）ともいわれる（『大智度論』T25, 400b）。この心から聖者は悟りを得るのである。このような悟りに達する直前の三昧とは、第十地の菩薩が所知障と煩悩障の種子を断じ尽すために入る三昧である。この三昧の中で「一刹那と結合した智慧」により、一切相智が生まれるというのであるから、本引用もこの意味で用いられていると考えられる。

なお、「一刹那相応の智慧」の語は含まないが、この引用と同じ文脈が金剛喩定の中で生ずる金剛喩智を説く文脈で見られる。

梵本『二万五千頌般若』も、『大般若経』以外のすべての漢訳と同じく、金剛喩智の機能を、「また、その菩提座における菩薩が、〝金剛喩智を実有である〟とするなら、金剛喩智によって、㈠一切のものが無自性にして空であることを了達し、㈡一切の習慣性の煩悩を非存在であると知って、㈢一切の形象の最勝を備えた一切智者の智を獲得する」（sarvākāravaropetaṃ sarvajñajñānam anuprāpnoti）（Kimura [2009 : 121.13-19]）と簡潔に述べる。

この『二万五千頌』第一章の用例も㈢と同様、金剛喩定と一［心］刹那相応の般若を説くものであり、以下のように悟りを獲得する過程を述べている。

㈣「菩薩摩訶薩は、菩提心が無間である金剛のような三昧（金剛喩定）に入って、一心刹那と相応する般若によって、すべての形相についての智（一切相智）に至り（yac chāriputra bodhisattvo mahāsattvo bodhicittānantaraṃ vajropamaṃ samādhiṃ samāpadya ekacittakṣaṇasamāyuktayā prajñayā sarvākārajñatām anuprāpnoti（Kimura [2007 : 97.25ff]）、如来十力、四無所畏、四無礙智、十八不共仏法、大慈大悲を備える

のである」。

この引用のなかで示される悟りへの階梯とは、［般若経の行者には、］この菩提を希求する心が連続していて、まさに悟りの直前に実現される「金剛に喩えられる堅固な三昧」に入る。この瞑想の中で、瞬時に般若が生まれ、これによってあらゆる形象を了知し、「十地の」菩薩は仏陀となり、十力などの属性が備わる。この階梯が悟りという一瞬の出来事として描かれているのである。

ただし、すでに㊂でも指摘したことであるが、この例でも漢訳では「一心刹那相応の般若」がすべて訳されていない。これらを併せて考えてみると、この成道の階梯は、少なくとも『二万五千頌』系の最初から確立していたのではない可能性が高いと言えよう。

ところで、これらの例文全体では悟りに到るための順序として〈金剛喩定→一心刹那に相応する般若→一切相智〉という次第で説かれているが、これはすでに指摘したように、『倶舎論』や『異部宗輪論』などによって知られる大衆部系統における頓現観の悟りの主張である。そして、ここで述べる「金剛喩定」は、有部アビダルマで考えられていた修道の最後である阿羅漢向で、悟りに達する最後の一念の状態を表すものに対応する。

したがって、般若経はこの部派仏教の修行体系を取り入れつつ、菩薩行の階梯を加上し、金剛喩定という三昧の中で菩薩に「一心刹那に相応する智慧」が生じて、一切相智に達する、という大乗の行の階梯を再構築した。それは「悟りの瞬間」をさらに詳細に分析し、体系化しようとしたためでもある。

次の引用はブッダ（buddha 仏）とボーディ（bodhi 菩提）の関係、およびボーディを求めるボーディ・サットヴァ（bodhisattva 菩薩）が、ブッダに至るまでの修道の階梯を六波羅蜜から順に述べるところである。その最後に、金剛喩定による一刹那に結びついた般若によって、無上なる正等正覚を得るとするものである。

㈤世尊が仰せになった。「また、スブーティが〝菩薩摩訶薩はまさに悟りに至った〟とこのように言ったが、［そのことについて］スブーティよ、菩薩摩訶薩は六波羅蜜、三十七菩提分法……十八不共仏法を完全に備え、金剛のような三昧（金剛喩定）にとどまり、一心刹那に結びついた般若によって、無上にして正しい悟りを現等覚する。その時、無上にして正しい悟りを現等覚したものが如来と見なされ、一切を見る者であり、一切のものに自在となるのである」と。（Kimura [2006 : 124, 15-25]）

次も㈤に続いて、ブッダと菩薩の区別を明らかにするところである。それによれば、一切の形相を知って、一切相智性を得て、すべての習慣性の煩悩を断滅する。この教えを獲得すべきなのが菩薩である。それに対して、一刹那に結びついた般若をもって、一切法を知り終えて、無上なる正等正覚を得たものが仏である。

㈥さて実に長老スブーティは世尊に次のように申し上げた。

「世尊よ、もしこれらの諸法が菩薩の法であるなら、さらにどのようなブッダの法があるのでしょうか」。

このように述べられたとき、世尊は長老スブーティに次のように仰せられた。

「そこでまた、長老スブーティは、〝もしこれらの諸法が菩薩の法であるなら、さらになにがブッダの法なのでしょうか〟とこのように言っているが、およそ、これらの［善］法によって一切相智性が現等覚され、その一切相智性に至った者にはすべての習慣性の煩悩が断滅される。まさにこれらがブッダの法であり、菩薩摩訶薩はそれ（一切相智性）を現等覚するのである。［しかし、］如来、阿羅漢、正等覚者は一切諸法を一刹那相応の般若によって現等覚している（ekakṣaṇasamāyuktayā prajñayā abhisaṃbuddhā）。これが菩薩摩訶薩と如来、阿羅漢、正等覚者の区別なのである。例えば、スブーティよ。向かう者（向）と結果の状態（果）がそれぞれ別であるようなものである。しかし、その二人は共に最高の人である。このように、スブーティよ、菩薩摩訶薩は間断なき道に向かう者であり、如来、阿羅漢、正等覚者は一切諸法において障害なき知に至っている。スブーティよ、これが菩薩摩訶薩と如来、阿羅漢、正等覚者の区別である」。（Kimura [2006 : 140.27-141.10)

初期大乗の代表的経典である『八千頌』は、それ以前に構築されていたアビダルマ仏教の成仏観に対する批判として、発心による成道を重視した。しかし、そこには新たな成仏への修行論はいまだ見られなかった。

一方、『二万五千頌』に見られるように、般若経は次第に阿含以来の声聞の修行道論を受容しつつ、これを乗り越えるために新たな成仏論を提唱するようになった。それが大品系の般若経に見られる修行道論である。もちろん、この問題は共の十地説やアビサマヤの現観の体系を考慮せずに論ずることはできないし、それ以前の教理を伝える広範な資料の検討が必要である。そこで、本章では修行の最終階梯である「成仏の瞬間」に絞り、その時の特別な智慧についての記述に注目し、これを検討してきた。

この結果、『二万五千頌』系統の般若経における成仏の階梯がおおよそ明らかになった。先ず、菩薩道を修行する行者が、菩薩の決定位を得た後、最高の境地に至ると、〈金剛喩定〉という一瞬の三昧を経過して、一刹那に結びついた諸法を知る般若が生まれる。この瞬間を境として菩薩は仏となる。この一瞬の智慧によって、一切の形象を知る智慧（sarvākārajñatā 一切相智性）が獲得され、ブッダの知的レベルに達する。これに伴い、すべての習慣性の煩悩は完全に断滅し、その聖者には、十八不共仏法をはじめとするブッダの属性が備わり、無上なる正等正覚に至るのである。

このようにブッダへの転換に決定的な役割を果たしているのが、「一刹那相応の般若」なのである。これほどに決定的な智慧でありながらも、この智慧は『二万五千頌』の中では最初から重視されていたとは思われない。この語の使用頻度から言っても、漢訳の状況から考えてもそのように言わざるをえないだろう。おそらくそれは、大乗の修行道の体系を再構成しようという思潮の中で、修道から無学道の阿羅漢果に至る時に、特別な智慧が生ずるように、菩薩から如来への飛躍となる特別な智慧が必要なのではないかという、論理的要請によって確立されたためではないかと考える。また、このような理解が般若経の註釈である『現観荘厳論』（*Abhisamayālaṃkāra*）の第七「一刹那現観」（ekakṣaṇa-abhisamaya）となっていったことは容易に理解される。

以上の経緯を金剛喩定から再現してみよう。金剛喩定は悟りに到る最後の段階で、菩薩が沈潜する究極の三昧である。そして、この境涯の心を金剛喩心といい、この定の中で一瞬に生まれる智慧が「一刹那相応般若」（ekalakṣaṇa-samāyuktayā prajñayā, ekacittakṣaṇasamāyuktayā prajñayā）、あるいは「金剛喩智」（vajra-upamaṃ jñānaṃ）であった。

この構造は、阿羅漢向から成道する直前の行者が金剛喩定に入り、一切の煩悩を断ち切ると同時に尽智が発生し、さらに無生智が生じ最終的な解脱に至るというアビダルマの修行道を前提にしていることが明らかである。

般若経は大品系統の成立した時代に、このような行の階梯を声聞地の構造として受容しつつ、新たな菩薩道を再編した。その中で注目されるのは、智と定の機能についてである。先に見たように、「菩薩の位」が確定した者が、金剛喩定に入ると、修道に至るまでのすべての煩悩が滅除する。それと同時に、その三昧の中で「一刹那に生ずる智慧」（eka[la] kṣaṇa-samāyuktā- prajñā-）を生じ、その智によって「一切の形象を知る智慧」に至り、仏果を得るという。このように、行の階梯は、〈智の変化〉として改編されている。

また、金剛喩定の中で生ずる一瞬の智慧である「尽智」あるいは「無生智」には、「一刹那相応の智」が比定され、アビダルマの十一智の「如説智」には「一切相智」の対応が指摘できるように、金剛喩定の後に生ずる智慧の性格も、大乗としての新たな智が位置づけられた。

また、定に関して言えば、金剛喩三摩地を含む四種の三摩地（①無間三摩地・②如電三摩地・③聖正三摩地・④金剛喩三摩地）のうち、①無間三摩地（ānantaryān samādhīn）は、金剛喩定が無間道といわれることに由来するものであり、③聖正三摩地は『二万五千頌』では samyaksaṃbodhi（正等正覚）とすることからわかるように、もともと三昧ではなかった。さらに、残る二つの三昧（②如電三摩地、④金剛喩三摩地）は、アビダルマで言及された「下の三聖道」と「上の阿羅漢道」、すなわち預流・一来・不還という三聖者の位と、最後の阿羅漢にそれぞれ対応しており、両者を差別化した修行道の伝統を保持しているのである。

以上のように、般若経は智と定という二つの側面から大きな改編を行った。その改編の基盤には金剛喩定を中心とした行の階梯があり、同時にその意義を変えながら、智を中心とした新たな修道論を再構築した。それが大乗菩薩道なのである。

第六章　般若信仰の展開

（1）仏母と仏身

・仏母と般若波羅蜜

般若経はこの般若波羅蜜の機能を、ブッダを生むものとして仏母と称する。小品系から大品系に発展するなかで、一切智は、道智と一切相智とを加えた三智へと発展するが、その智を生む根源の智が般若波羅蜜である。そしてこの般若波羅蜜が対象とする世界が空なのである。このことに関説する『二万五千頌般若』の例をあげておこう。

・般若波羅蜜は如来の生みの親であり、かの世界を見せるものである。(Kimura [1990 : 72, 22-21; 24-25)

・般若波羅蜜は世間を空であると知らしめる。(Kimura [1990 : 72, 30])

・般若波羅蜜は如来の世が空であると示す。……このように、般若波羅蜜は如来を生むものであり、この世を示現するものである。……般若波羅蜜は如来の世が不可思議であると示し、……離脱しており、畢竟空であり、自性空であると示す。……寂静であり、まさに空性であると示す。(Kimura [1990 : 73, 7-27])

以上のように、空は不可思議であり(acintya)、離脱しており(vivikta)、畢竟空であり(atyantaśūnya)、自性空であり(svabhāvaśūnya)、寂静である(śānta)などの同義語としてさまざまに並べられているが、要するにここでは、世間が空であること、あるいはその空性を明らかに知らしめる智慧を般若波羅蜜というのである。般若経ではこの教えである智慧の完成を、実際の経巻として、ブッダと等しきものと見なした。そして、礼拝の対象として供養することを推奨したのである。

・法身と仏塔崇拝

仏滅後、仏教教団はブッダの舎利崇拝から仏塔崇拝へ、さらに経巻崇拝へと進展してゆくが、大乗になるとこの仏母である般若波羅蜜は、仏塔（stūpa）あるいは塔廟（caitya）と結びついて礼拝の対象となった。その模様は、拡大般若経の「塔品」（窣堵波品）などに伝えられるが、ここでは『八千頌般若』第三章、第四章の仏塔崇拝を見てみたい。本経では、世尊はインドラ神（帝釈）に向かって、このように述べる。

(1)如来はこの具体的存在である身体を得ている（ātmabhāvaśarīra-pratilambha）ということによって、如来と名づけられるのではない。実に、如来は一切智者性を得ていることによって如来と名づけられるのである（sarvajñatāyāṃ tu pratilabdhāyāṃ tathāgatas tathāgata iti saṃkhyāṃ gacchati）。カウシカよ、この如来、阿羅漢、正等覚者の一切智者性というものは、般若波羅蜜から生じたもの（prajñāpāramitā-nirjātā）である。そして、如来が具体的存在としての身体を得ているということは、般若波羅蜜の善巧方便として生じている（prajñāpāramitopāyakauśalya-nirjāta）のであり、一切智者の智の拠り所となって（sarvajñajñānāśrayabhūta）存在しているのである。というのは、この拠り所によって一切智者の智が顕現し（prabhāvanā bhavati）、仏陀の具体的存在（身体）が顕現し、教えの具体的存在が顕現し、僧団の具体的存在が顕現するのである。

このように、この具体的存在である身体を得ているということは、一切智者の智を原因とするものである（sarvajñajñānahetukaḥ）。［身体は］一切智者の智の拠り所となっているものだから、すべての衆生にとって塔廟となり（caityabhūta）、敬礼し、恭敬し、尊重し、奉仕し、讃歎し、祈願されるべきものとなっている。そして、このように私が完全に涅槃に入ったときには、これらの身体（śarīra）の供養がなされるであろう。（Wogihara [1973 : 210.10- 211.22]）

この言明によれば、如来の崇拝の根幹は「一切智者性」である。仏陀は般若波羅蜜を実践することによって「一切智者性」を得た、すなわちブッダとなったのである。したがって、真の意味で供養されるべきは、ブッダをブッダたらしめた般若波羅蜜、あるいはそれから生じたものである一切智者性に他ならない。

引用文ではこれを「一切智者の智」（sarvajña-jñāna）と言い替え、「如来たちの身体は一切智者の智の拠り所となっている」（tathāgataśarīrāṇi sarvajñajñānāśrayabhūtāni）のであり、一切智者の智を原因とするもの（sarvajña-hetuka）とする。

一方、身体はその智慧が依拠する具体的な存在であり、仏・法・僧の三宝そのものが具体的に現われるところである。この意味で身体は一切智と衆生の媒介となる存在ともいえよう。衆生は現に対峙するブッダの姿や声などの身体性を通して一切智者性に触れたのであり、一切智者性はブッダの身体性をまって、初めて歴史的存在性を得ることができたのである。

(2)一切智者性は般若波羅蜜に遍満されているし、如来の遺骨の供養は一切智者性から生ずるのです。ですから、世尊よ、般若波羅蜜が供養されたときには、過去・未来・現在のブッダ世尊たちが供養されたことになるのです。（Wogihara [1973 : 278.17-21]）

(3)このようにして、善男子にしても、善女人にしても、この般若波羅蜜を書き記し、書物の形にして安置するとしよう。……この人こそ、かの二種の善男子・善女人のうちで、より多くの福徳を得るであろう。それはなぜかというと、その善男子・善女人は、一切智者の智を供養したことになるからである。……般若波羅蜜を実践する者は、

一切智者の智を供養したことになるであろうからである。（Wogihara [1973 : 211.12-212.12]）

こうしてみると、諸仏が一切智者（sarvajña, sarvajñā）であることは当然である。なぜなら、諸仏は一切智者性（sarvajñatā）を得ているためにブッダと名づけられているからである。また、一切智者性とは一切智者の本質であり、それは一切智者の智（sarvajña-jñāna）に他ならない。一切智者性は般若波羅蜜という智慧によって生み出されたのであるから、一切智者の智ともいわれる。したがって、般若波羅蜜は一切智者性であるとも言うのである。

般若波羅蜜は菩薩を一切智者性へと導く基礎であり、一切智者性の道に向かう原因である。逆に、諸仏の一切智性は、般若波羅蜜によって生ずる結果である。このように般若波羅蜜は原因、一切智者性は結果であり、目的なのである。

(2) 経巻信仰

[1] 経巻崇拝の位置

初期の大乗仏教の特質として、㈠菩薩の観念に立脚した仏教であること、㈡出家と在家に共通する宗教運動であったこと、㈢仏塔信仰、あるいは経巻信仰を基盤とすることなどがあげられる。大乗仏教が菩薩集団として教団化される過程で、仏塔信仰が大きな役割をはたしたという説は、現在批判的に言及されることもあるが、ここでは実際の「般若経」の仏塔信仰に焦点を当てて、その記述に従って検討してみたい。ただし、「般若経」では経巻崇拝が中心になっているので、仏塔信仰と経巻信仰という二つのテーマを絡めた問題設定となる。『八千頌般若』ではその最後の「嘱累品」で、仏が阿難に教法を委嘱して次のように言う。

アーナンダよ、汝は現に今、存在し、耐え、生きている私のこの現身に対して愛情と浄信と敬意を寄せているように、死んでから後には、この智慧の完成に対してそうしなければならない。（Wogihara [1973 : 990.15-18]）

この言葉にみられるように、如来の死後は「智慧の完成」を信仰の拠り所とすべきだというのである。しかも、この直前には、この智慧の完成が、菩薩摩訶薩に仏の智慧である「一切智者の智」をもたらすものであるから、これを追求すべきであるといい、「この智慧の完成を聞き、理解し、記憶し、唱え、学び、宣布し、説き、述べ、教示し、読誦し、書写すべきである。また如来の不可思議な助力（adhiṣṭhāna 加持）によって、大きな書物に極めて明瞭な文字で上手に書写したうえで、花・灯明・香などによって、恭敬し、尊重し、奉仕し、供養し、讃嘆し、祈願すべきである」という。

つまり、ここでいう「智慧の完成」とは書写された経巻をいうのであり、これを現身の如来に代わって、その滅後には祈願の対象とせよというのである。これが明確に言明された「般若経」の経巻崇拝である。

このように、般若経は経巻崇拝を主張するが、それは後述するように、必ずしも仏塔崇拝を否定するものではない。むしろ、仏塔崇拝を土台とするものである。仏塔への信仰形態の中から、それを超克するものとして登場したのが経巻信仰といえるであろう。本節ではこの信仰の意味を考察することにするが、まず最初に「般若経」の前段階として、『マハーヴァストゥ』の塔崇拝を見ておきたい。

[2]『マハーヴァストゥ』の仏塔崇拝

『異部宗輪論』によれば、説出世部（Lokottaravāda）は大衆部の最初の分裂によって成立した部派である。したがって、その同系統の西山部や東山部、あるいはこれと同じ系統が伝持する塔崇拝の教理を比較することによって、般若経の伝える独特の塔崇拝への影響を明らかにすることができる。その際、文献の上で最もよい資料となるのが、『マハーヴァストゥ』（*Mahāvastu* 大事）に記された仏塔崇拝の記述であろう。

以下、「般若経」以前の仏塔崇拝のあり方を、『マハーヴァストゥ』の仏塔崇拝にもとづいて確認しておこう。

まず、仏塔崇拝はブッダその人への崇拝に代わるものとして発生した。このように考えれば、仏塔崇拝は仏陀観の展開の新局面と見なすことができる。これは「色身から法身という仏身観の展開」（仏陀供養　塔供養）を示唆している。そして、ここにおける塔供養は、現に住する如来を供養するのと同じ価値をもつ。したがって、塔を供養する者は、果を結び、不死に導かれ、現世利益と来世の果報を得られると説く。

ここで注目されるのは、塔供養を行う者は、「火毒剣の災難にあわない、盗賊も襲わない、富が失せることもない、病気にならない、天・龍・夜叉・羅刹達に礼拝される」という〈現世の功徳〉を得ることである。そればかりか、輪廻転生して天上の生活を享受し、寿命が尽きれば財産ある人間や、高貴な家柄、大臣、王、転輪王、菩薩、仏などに生まれると説いたり、輪廻転生する過程で、仏に遭って、供養し、発願し、授記を受けて仏陀になるという次第を述べている。この塔供養を通じて得られる最終段階の功徳は、菩提を得ること、すなわち仏陀となることである。

『マハーヴァストゥ』(Senart [1890 : 364.11 ; 365.2 ; 367.13]) では、このような菩薩を、「菩提に心を向けて」(bodhāya cittaṃ nāmetvā) 世間の救護者の塔に供養を行うもの、菩提を志向している人 (bodhim abhiprasthita) と呼んでいる。これは従来の仏塔崇拝とは質的に全く異なるものになった。つまり、従来から主張されていた来世で生天するという仏塔供養の果報を越え、一人一人の菩薩たちが僧院で修行する比丘・比丘尼らと同じ行法の成果 (菩提) を得ることを可能にさせたのである。

われわれはここに、現世利益という仮の目標から、仏教の最終目的にまで結び付けられた仏塔崇拝の地位の向上を見る。そして、その根底には色身から法身へと発達した仏身観という思想的根拠があることを、明らかに看取することができるのである。このような仏塔信仰は、歴史的にはともあれ、思想的にはほぼ完成したものということができよう。

〔3〕仏の信仰と法の信仰

仏教信仰に特有の舎利崇拝、あるいは仏塔崇拝の流れを、釈尊その人への憧憬から発したという意味で「仏の信仰」と称するならば、仏の教えである法を遵守し、悟りをもとめて行法に励む体系は「法の信仰」と名づけることができる。この分類でいうと、仏塔崇拝を批判し教法の崇拝を説く般若経は、後者である「法の信仰」に入るだろう。

ただし、この二つの信仰形態はブッダの在世当時には問題にならず、仏滅後、何を規範として修行していったらよいのかが差し迫った問題となって、はじめて生じたのである。確かにブッダ自身は「法灯明、自灯明」といって、自己亡き後の弟子たちの進む道を諭した。それは教法を中心とする「法の信仰」への道であったと言えよう。

しかし、その亡骸は八つに分散され、中インドには瓶塔と灰塔を含めて一〇の舎利塔が建てられた。さらにブッダの生誕・成仏・初転法輪・涅槃などの聖地には廟（caitya, cetiya）が設定され、多くの信者で賑わっていたのである。このようなブッダ個人に帰趨する信仰は、皮肉にも「仏の信仰」と呼び得る流れを決定づけた。

この信仰の流れはすでにブッダ在世中の迦葉仏をはじめとする過去仏の塔の造営に始まる。しかし、本格的な体系化は、ブッダへの尊崇・憧憬を起源とするジャータカなどの讃仏乗と菩薩思想の展開の中で確立していった。そして讃仏乗と菩薩思想の展開が一つの頂点に到達する大乗に至って、「仏の信仰」と「法の信仰」との相違が明確になっていった。僧院での三学を中心とする仏教は、あくまで「法の信仰」という流れの中に位置づけられるが、ブッダの精神性の回復を目指した大乗仏教は、仏塔という具体的な礼拝対象のなかに、あらたなブッダを再生したのである。

しかし、この仏塔が大乗仏教の教団化の核になったのではない。なぜなら仏塔信仰はすでに大乗仏教の興起以前に、すべての部派仏教の間で広まっていたのであり、上座部系・大衆部系の諸部派、あるいは在家・出家を問わず幅広く受容されていた信仰であったからである。部派の教団の出家者が、ブッダやその弟子の遺徳を偲び、塔を建ててこれを礼拝していた証拠は各種の『律蔵』などの文献や、遺跡などから窺うことができる。つまり、出家者も律蔵の規定する範囲の中で、許される限りの形で仏塔への崇拝を行っていたのである。

仏塔の経営は部派の教団によるものが多かったが、アショーカ王の仏塔建立に見られるように、部派仏教に所属しない仏塔もあった。また、仏塔に金銀幡蓋華鬘などの荘厳具や香華灯燭伎楽などを供養するという、いわば財物による安易な供養の仕方を考えれば、それが在家者中心に行われていたことは事実であろう。個人財産を持たない出家者には香や花の供養はまだしも、歌舞の供養、不動産の寄進などは不可能であったはずである。しかし、そのために沙弥・沙弥尼や在家者を含めた広範な信仰に発展しえたのである。

一方、仏塔信仰が普及し、積極的に仏塔を供養することがすすめられると、それによって生天ばかりではなく、「無上なる悟りを得ることができる」とか、「成仏できる」などと説かれた。実際、多くの碑文には「自己の涅槃の成就のために！」とか、「いっさいの衆生が無上の智を獲得せんことを！」などという言葉も多くみられる。この段階に及んで、財施による解脱の獲得という主張の形骸化への反発が教団内部に生じたことは想像するに難くない。

しばしば安逸に流れる功徳の過信に対して、教法を根拠に悟りを得るための行法を重視する比丘僧伽、いわば「法の信仰」を中心としてまとまった集団の中から、仏塔信仰の意義を問い直す動きが起こったのは必然的な推移である。このことは文献の上で明瞭に指摘することができる。

〔4〕仏塔崇拝から経巻崇拝へ

例えば、『異部宗輪論』ではさまざまな部派の特色を述べる中で、この仏塔崇拝に批判的な部派のあったことを明記している。特に大衆部系のアンダカ派では、「仏塔に供養しても大果は得られない」と述べている。この「仏塔供養の批判」は、明らかに仏塔崇拝を背景にして生まれてきたものである。つまり、仏塔崇拝の形骸化への批判を考えなければ理解できない主張である。これは「仏の信仰」の批判である。

南インドのアンダカ派は、アマラヴァティーやナーガールジュナコーンダを中心としてヴィハーラにて僧院生活をしつつ、マハーチャイトヤといわれる巨大な仏塔を中心とした地域に教線を張っていた。この周辺からは多くの碑文が発見されていて、この仏塔に比丘・比丘尼や在家の信者たちが、柱や石畳、仏像などを寄進していたことが知られる。

しかもそれが、このような大乗仏教と密接な関わりがあった部派の主張であることは、注目すべき事実である。これは、大乗仏教が仏塔を核とする在家を中心として興起したという学説と明らかに矛盾する。初期の大乗仏教の代表と見られる「般若経」もこの系統の部派と同じく、仏塔崇拝を越えて経巻崇拝を説くのである。

たとえば小品系般若の「塔品」（「供養窣堵波品」『大般若経』第四会）（『八千頌般若』Chap.3）では、如来の遺骨をストゥーパに安置してこれに種々の供養をする「仏塔崇拝」と、この智慧の完成を書き記し、書物の形にして安置し、これに灯明・華・香料・衣服・傘・幡・鈴・旗を供えて種々に供養する「経巻崇拝」との二種類の崇拝が説かれる。前者は後者の功徳を強調するために引き合いに出されるものに過ぎないのであるが、一応はこれを是認している。

仏塔崇拝はその中に仏陀遺骨などを安置する舎利崇拝に連なるものである。その意味では、大乗以前から仏教にあったものであるから、初期大乗経典としての般若経は伝統的に行われていた舎利崇拝を基礎にしながら、舎利を「般若経」（経巻であると同時にその本質である一切智性）そのものに換骨奪胎した。すなわち、仏塔崇拝を経巻崇拝に変えて大乗に導こうとしたものと言える。

前述した『マハーヴァストゥ』の仏塔崇拝は、般若経の経巻崇拝とよく似ている。しかし、この信仰は前述したように説出世部以降に成立した東山部等の塔崇拝の否定というモメントなしには理解できないであろう。『八千頌般若』によれば、その模様は次のように説明されている。

如来は具体的存在である身体を得ている（ātmabhāvaśarīra-pratilambha）ということによって、如来と名づけられるのではない。実に、一切智者性を得ていることによって如来と名づけられるのである。この供養されるべき、完全に悟った如来の一切智者性というものは、智慧の完成の所産である。そして、如来が具体的存在としての身体を得ているということは、智慧の完成の巧みな手立てとして生じているのであり、一切智者の智の拠り所となって（sarvajñajñānāśrayabhūta）存在しているのである。というのは、この拠り所によって一切智者の智が顕現し、仏陀の具体的存在（身体）が顕現し、教えの具体的存在が顕現し、僧団の具体的存在が顕現するのである。

このように、この具体的存在である身体を得ているということは、一切智者の智を原因とするものである（sarvajñajñānahetukaḥ）。［身体は］一切智者の智の拠り所となっているものだから、すべての衆生にとって塔廟と等しいものとなり

（caityabhūta）、敬礼し、恭敬し、尊重し、奉仕し、讃歎し、祈願されるべきものとなっている。そして、このように私が完全に涅槃に入ったときには、これらの身体（śarīra）の供養が為されるであろう。（Wogihara [1973 : 210.11-211.7]）

この言明によれば、如来の崇拝の根幹は「一切智性」である。仏陀は智慧の完成を実践することによって「一切智者性」を得た、すなわちブッダとなったのである。したがって、真の意味で供養されるべきは、ブッダをブッダたらしめた智慧の完成、あるいはその所産である「一切智者の智」に他ならない。「如来たちの身体は一切智者の智の容器」（tathāgataśarīrarāṇi sarvajñajñānāśrayabhūtāni）にすぎないというのである。

一方、身体はその智慧が依拠する具体的な存在であり、仏・法・僧の三宝そのものが具体的に現われるところである。この意味で身体は一切智と衆生の媒介となる存在ともいえよう。衆生は現に対峙するブッダの姿や声などの身体性を通して一切智者性に触れたのであり、一切智者性はブッダの身体性をまって、初めて歴史的存在性を勝ちうることができたのである。

そして、この纏うべき身体性を『八千頌般若』は智慧の完成の巧みな手立て（善巧方便）とする。つまり、身体性に基礎を置く塔供養を、智慧の完成という本質に至るための方便と位置づける。旧来の塔供養を程度の低いものとし、智慧そのもの、すなわち教えとしての「般若経」に対する崇拝こそが、より高い宗教性を持った信仰であるという主張がここに込められている。

人々は塔を供養することによって、現世や来世における福徳を追求し、あるいは自らの涅槃達成のため、ブッダの加護があるようにと祈念した。この信仰は仏教教団に深く浸透していったが、後進としての「般若経」は、現に行われている仏塔崇拝を批判しつつ、舎利を安置したストゥーパを、一切智を内蔵する如来（tathāgata-garbha）に見立てる革新運動を起こした。これが経巻崇拝である。『八千頌般若』は上記の塔崇拝の引用文に続いて、経巻崇拝について述べ、両者を比較して次のように述べる。

このようにして、善男子にしても、善女人にしても、この般若波羅蜜を書き記し、書物の形にして安置するとしよう。……この人こそ、かの二種の善男子・善女人のうちで、より多くの福徳を得るであろう。それはなぜかというと、その善男子・善女人は、一切智者の智を供養したことになるからである。……般若波羅蜜を実践する者は、

一切智者の智を供養したことになるであろうからである。（Wogihara [1973 : 211.12-212.12]）

以下、智慧の完成の供養が、無量のストゥーパの建立よりも尊いことが繰り返し述べられる。このように般若経は塔崇拝に対して非常に明確な立場を取っていたのである。仏塔崇拝がブッダへの信仰を基礎とする«「仏の信仰」»とするなら、この経巻信仰こそが教法そのものを礼拝の対象とするという意味で「法の信仰」と言えるだろう。

[5] 経巻崇拝の功徳について

最後に経巻崇拝の功徳の展開について付加しておく。『八千頌般若』第三章「無量の功徳を備えた［智慧の］完成と塔の崇拝」には、般若経を習い、覚え、唱え、理解し、宣布する［読誦し、書きしるし、注意し、それに心を集中する］善男子・善女人には次のような現世の功徳があるという。

(1) 論争や抗弁は鎮静化し、消滅する。
(2) 怒りや慢心をコントロールし、快く、穏やかで、筋の通った言葉を語る。

(3)他人に攻撃されても、命を落とすことはない。
(4)不慮の出来事によっても、死ぬことはない。
(5)毒や剣や火や水や棒や他人の暴力によっても死ぬことはない。
(6)自分や他人を傷つけようとは望まない。
(7)無上にして完全な悟りを得る。
(8)一切智者の智を得る。
(9)書き記して書物の形にして安置し、供養すれば、経典恭敬等をせずともその場所は塔廟(caitya)に等しいものとなり、衆生のための帰依所、安息所となる。

また、小品系般若で右のように経巻の供養によって「現世功徳」(dṛṣṭa-dhārmiko guṇaḥ)が得られると説いていた箇所に、大品系般若では「下位のカーストに生まれない、三悪道に落ちない、三十二相を得る、次第に阿耨多羅三藐三菩提を得る」などの「後世功徳」(sāṃparāyiko guṇaḥ)を付加している。これは『マハーヴァストゥ』で説かれた輪廻転生して仏となる過程を、明確に「後世功徳」(sāṃparāyiko guṇaḥ)として言語化しているのであり、さらなる展開を示すものとして注目すべきであろう。

（3）東アジアにおける『大般若波羅蜜多経』の信仰

紀元前後のインドに発した般若経は、さらに多くの般若経となって拡大していったが、東アジアにおいて、さらに独特の経巻信仰を生んでいくことになる。それは七世紀唐代の中国において玄奘三蔵を代表とする訳経組織によって翻訳され、『大般若波羅蜜多経』六〇〇巻という膨大な経典として集約されたことにはじまる。

この経典が成立するに及んで、本経を読誦するためには相当数の僧と、時間を要することになり、大規模な儀礼を成立させた。これにより東アジアの仏教は、儀礼としても新たな展開を見せるようになる。以下には大般若会の概要からこの経典がどのように受容されていたのかを文化史的な側面を視野に入れながらまとめておきたい。

[1]『大般若経』とは

『大般若経』とは、正しくは『大般若波羅蜜多経』（*mahāprajñāpāramitā[sūtra]*）という。ただし、経（sūtra）は中国で翻訳された際に等しく付加されたもので、もともとはなかった。その代わり、「大」は「摩訶」と訳されることもあるが、必ず備わっている形容詞である。もともと般若経とは、この「大般若波羅蜜」という名前しか存在せず、『摩訶般若波羅蜜』や『大明度』は、このmahāprajñāpāramitāを翻訳したものであった。それが後に般若経が個別に展開するようになり、それらに固有の名前が付加され、経題とされたのである。

次に「般若」は「智慧」を意味するサンスクリット語プラジュニャー（prajñā）、あるいはその俗語パンニャー（paññā）、「波羅蜜多」は「彼岸に到達した状態」「完成」を意味する「パーラミター」（pāramitā）の音訳である。したがって、『大般若波羅蜜多経』とは、「偉大なる智慧の完成」という意味の経題である。

一般に言うところの「般若経」とは、大乗仏教の根本思想である「空」と「智慧」を根本テーマとする多種類の経典群の総称であって、『大般若経』もその中の一つにすぎない。この『大般若経』も一六種（一六会）の異なる般若経典の集成であり、漢訳にのみ完全な形で残っている。全体は六〇〇巻から成り、大正新脩大蔵経の計三巻を占め、字数は約五〇〇万字、あらゆる仏典中で最大、それも桁外れに大きい。

全体の一六会のうち、最初の初会から第一〇会まで、いずれも原典からの異訳があり、またその中の合計六会にはサンスクリット本とチベット語訳本もある。『金剛般若』『般若理趣分』もその一つである。各会はそれぞれ独立して別々に成立し、発展してきたものだが、近年中央アジアにてインド系の言語で書かれた大部の般若経典を予想させる写本が見つかったため、『大般若経』が漢語に翻訳されるより以前の段階で存在した可能性もあると考えられるようになった。このことから、現在の『大般若経』六〇〇巻は、玄奘（六〇二〜六六四）のインド旅行（六二九—六四五）当時には、『大般若波羅蜜多経』の原形と想定される経典の編集がなされていた。玄奘はすでに翻訳されていた先行する般若経典を参照し、自ら翻訳したものと、それらをつなぎ合わせて全体を完成させたものと考えられる。玄奘は顕慶五年（六六〇）からその最晩年の龍朔三年（六六三）にかけて『大般若波羅蜜多経』を完訳し、間もなく没した。

[2] 玄奘の訳経と『大般若経』

玄奘は、唐代の河南省洛陽出身で、中国四大翻訳家の一人とされる。はじめに『涅槃経』や『摂大乗論』等を学んだが、さらにアビダルマ（阿毘達磨）や唯識学を原典に基づいて研究しようと志ざし、国禁を犯して六二九年に長安を出発。艱難辛苦しつつ新疆省の北路―西トルキスタン―アフガニスタンからインドに入り、中インドのナーランダー寺院でシーラバドラ（戒賢、五二九～六四五）に師事して、瑜伽・唯識の蘊奥を極めた。インド各地の仏跡を訪ね、仏像・仏舎利のほか、梵本六〇〇五七部を携え、六四五年に長安へ帰った。

帰国後、彼の翻訳事業のために勅命によって建てられた翻経院にて漢訳を開始した。漢訳されたものは、『大般若経』全六〇〇巻をはじめ、七六部一三四七巻で、その総量は仏教伝来以来の漢訳仏典のおよそ四分の一にのぼる。さらに玄奘は従来の訳語を一変したことから、玄奘以前の漢訳を〈旧訳〉、彼以降の訳を〈新訳〉として区別する。

玄奘の一七年間の旅行は『大唐西域記』によって知られる。明の呉承恩により、これを素材とした小説『西遊記』が作られた。玄奘は三蔵（経・律・論）に通じていたことから、後世、〈玄奘三蔵〉〈三蔵法師〉などと呼ばれるようになった。玄奘三蔵は、『大般若経』六〇〇巻の巻頭や、これを入れた経箱（経蓋）に、十六善神と共に描かれることもある。

わが国では、八世紀の三論宗の智光が『大般若経疏』二〇巻を著して以来、多くの註釈が作成されたが、江戸時代になって曹洞宗の面山瑞方による『大般若講式』（一七六九年刊）や、祐雄『大般若転読法則』など、多くの「大般若経法則」が公刊されるようになり、

―『大般若波羅蜜多経』の構成と異訳一覧―

A 大部般若
- [1]『初会』(十万頌般若経)― 3 種
- [2]『第二会・第三会』(大品系、放光系)― 8 種
  (『一万八千頌般若』『二万五千頌般若』)
- [3]『第四会・第五会』(小品系、道行系)― 15 種
  (『八千頌般若』)

B 小部般若
- [4]『第六会』(勝天王般若)
- [5]『第七会　曼殊室利分』
- [6]『第八会　那伽室利分』
- [7]『第九会　能断金剛分』
- [8]『第十会　般若理趣分』

C 六波羅蜜多経
- [9]『第十一会〜第十五会』(五波羅蜜多分)
- [10]『第十六会』(般若波羅蜜多分)

各宗派の転読の形式が整えられた。

［3］経典の書写の伝統

（一）インドの伝統

仏教の教えは口承による伝承であったため、書写は大乗仏教の時代までなされなかった。その伝統は十〔種〕法行（daśadharmacarita）といわれる大乗菩薩特有の実践であり、『中辺分別論』によれば、十波羅蜜を実践する手段として位置づけられ、その実践の結果、菩薩は十地、仏地へと悟入するのである。

ヴァスバンドゥ（Vasubandhu 世親、四〇〇～四八〇頃）の『中辺分別論釈』によれば、十法行とは「大乗〔経典〕を書写し、供養し、他者に与え、他者が唱えた〔経典〕を聞き、自ら読誦し、理解し（udgrahaṇa）、他者のために〔経典の〕形式や意味を明示し、暗誦し、思惟し、修習することである」という。この十法行はアサンガ（Asaṅga 無著、三九五～四七〇頃）の頃にまでたどられるから、初期大乗経典の成立後間もなく、このような実践行として纏められていったのである。

（二）日本における伝統

書写の開始は奈良時代である。天武天皇のころには経典書写のために官立の写経所が設置され、次いで聖武天皇の代になると、経典を書写する写経所と註釈を書写する写疏《しゃそ》所と分かれ、さらに東大寺などの官立寺院や宮中の内道場では写経所が設けられた。写経所は分業体制で行われていた。写された写経は校生によって校正され、装潢師《そうこうし》が、軸・表紙、紐を施し、帙《ちつ》にくるんで経箱に納めた。

官立の写経所の存在は、神亀五年（七二八）、天武天皇の第八王子である高市皇子の長子、長屋王発願の『大般若経』（東京・根津美術館蔵）に見ることができる。その第二六七巻の奥書によれば、書生・校生・装少・検校使・検校の名前が列記され、それらには陰陽《おんみょう》寮《りょう》・図書寮・式部省・散位寮《さんみょうりょう》などの官位があてられている。

平安時代になっても、大安寺や薬師寺、元興寺、石山寺といった大寺院や藤原氏などの有力貴族の館には写経所があった。また、これ以外にも民間の「知識経」がある。これは特定の僧の勧進に応じた在家信者（知識）が協力して書写したものである。その他、平安時代の写経は、紺色の紙に金粉や銀粉を水に溶かして墨代わりに書写する「紺紙金泥・銀泥」の「装飾経」が貴族の間に流行していた。

その頃にはすでに印刷された大蔵経が中国や朝鮮から輸入され、書写するよりも正確で完全な経典が揃うようになっていたが、墨書による書写も続けられていた。特に、大勢の信者が分担して一切経を書写する「一日経」や「頓写経」や、一人が非常に長い時間をかけて、一切経や特定の経典を自分の手で書写する「一筆経」なども行われた。

(三) 奈良時代の『大般若経』書写

『大般若経』は読誦や書写の功徳を説き、現世の利益をもたらすと考えられた有力な経典であったため、わが国では七世紀末から書写されていた。特に、玄奘の『大般若経』訳了から五〇年後の和銅五年(七一二)には、文武天皇の崩御を悼んで、長屋王が『大般若経』を書写させたとされ、それが年代の明記された最古の「大般若経」写本(長屋王願経:滋賀・常明寺蔵)として現存している。また、七〇三年に大般若転読が始められると、この伝統は全国に広く普及した。こうして大般若の経巻の需要は次第に大きくなり、その需要を担うために特に官立の写経所が組織されるに及んで、『大般若経』の書写の伝統は確立していったのである。

奈良時代、天平勝宝四(七五二)年四月九日に行われた東大寺大仏の開眼供養には、造東大寺司の写経所が、外嶋堂から紫紙金字を借用し、法会の終了後にこれらを返却した旨の出納文書も残っている（写経所請経文・静岡県立美術館蔵）。外嶋堂は法華寺の中にあった。聖武天皇の皇妃である光明皇后の皇后宮を寺院にしたものであるから、光明皇后に縁のある経典だったのであろう。

その他、年記は不明だが、京都・円福寺蔵の巻首に薬師寺の印がある『大般若経』（薬師寺経）、天平二年（七三〇）、大和の知識者（同朋者）による『大般若経』（京都国立博物館蔵）、天平一九年（七四七）の唐僧「善意願経」（東京・根津美術館蔵）、天平勝宝九（七五七）年の「沙弥道行願経」（三重・常楽寺蔵）、神護景雲元年（七六七）の「行信願経」（奈良・法隆寺蔵）など、多くの優品が書写された。

特に、「沙弥道行願経」は、書写して伊勢神宮に奉納されたもので、後世になって神社で法楽経として『大般若経』が用いられるようになった先例として注目される。

［4］刊本の伝統と装丁形式の変化

わが国では奈良朝以来、書写された経典を輸入してきたが、最初の刊本である北宋版開版の翌年（九八四）には早くも東大寺から入宋した奝然《ちょうねん》が、この刊本の一部をわが国に将来した。刊本の輸入によって、わが国の経典の受容形態も次第に変化するようになった。版本の上梓としては平安時代末から鎌倉時代にかけて、奈良興福寺で出版された春日版がある。それ以降、鎌倉の極楽寺・建長寺などを中心に多くの経典が開版された。また江戸時代にも中国の思渓版や万暦版を復刻した天海版や黄檗版、わが国で新たに校訂した大正新修大蔵経に至るまで、数種の刊本があるが、書写による伝統はその間も途絶えることはなかった。

『大般若経』の装丁という点から言うと、およそ鎌倉時代（建長年間）には、巻子本よりも便利な折本が求められるようになった。そこで既存の経巻（巻子本）を改装し、折本装に改装して大般若転読に用いるようになった。

特に、承久〜貞応（一二一九〜一二二四）にかけて春日版の『大般若経』が刊行され、さらなる『大般若経』の需要に応じて、南北朝時代にも『大般若経』の版本が作られた。こうして現在のような折本の転読形式が整えられ、定着していったのであろう。

［5］『大般若経』の転読会

大般若転読会は「だいはんにゃ」などと呼ばれ、現在でも日本各地の寺院において、年中行事として行われる法儀となっている。この法儀はだいたい一〇名前後の僧侶が集まって、玄奘訳の『大般若波羅蜜多経』六〇〇巻を、一人二〇〇巻ほど分担して転読するのであるが、経題や巻数、『般若心経』や『大般若経』の一節のみを唱え、一巻が終わるごとに経机や経箱に打ちつけながら二・三時間かけて読誦する珍しい行事である。近世以降は、疾病よけとか虫おくりという目的で伝承され、民間の信仰として広く伝承されている。本章はこの法儀がどのような歴史的意味を持って展開したのかを、奈良時代以降の史書等を手がかりとして探ってみたい。

(一) 読誦の意味

わが国では仏教の導入期から経典の読誦は始まっている。ブッダの教えである経典を読誦することは、聖なるものとの特別なコミュニケーションを持つことである。人々はこの神々や「ほとけ」との交信という機能を僧侶の読経に託し、社会や自己の苦悩から救済されることを祈ったのである。

やがて経典の読誦は組織的な法会の様相を帯びるようになる。たとえば、奈良時代の般若経の転読は、当時の国家仏教とそれを推進する為政者の信仰を反映して、国家安泰・除災・病気平癒などを目的として行われた。しかし、これは「般若経」による仏教信仰にのみ帰せられるものではない。『金光明経』や『法華経』、『薬師経』であろうが、その目的は変わることはなかった。このような呪術的な目的があったということは、わが国における仏教の受容の歴史的事実である。

そこに見られる、僧に供養し、仏像を礼拝し、経典を読誦するという信仰形態は、現在とさして変わらぬものである。しかし、古代人の言語観にもとづいた読誦の意味は、現代の我々とは異なり、遙かに重大な意義があったはずである。

(二) 大般若会のはじめ

そもそも大般若会はいつ頃から始まったのであろうか。それは玄奘が『大般若経』六〇〇巻を訳了した六六三年一〇月に、斎を設けて供養し講読したことが始まりであるとされる。我が国の元号でいうと天智二年である。

『大慈恩寺三蔵法師伝』は、その時の様子を次のように記している。

竜朔三（六六三）年冬の一〇月二三日、功は畢り筆を終え、併せて六〇〇巻を完成し、『大般若経』と称する。合掌して喜んで衆徒に告げられた。この経は漢地に縁がある。玄奘がこの玉華［寺］に来たのは経典の力である。先に都に在ったときには、さまざまな条件が錯乱しており、はたして終了の時があろうかと思っていた。今、訳し終えることができたのは、皆、諸仏の冥加、龍天の擁護と助けのおかげである。これはつまりは国家を鎮める経典、人天の大きな宝である。衆徒はそれぞれ躍り上がり慶ぶのが良い。その時に玉華寺の都維名である寂照は、翻訳の功が終わったことをお祝いし、斎を設けて供養を行った。この日、経典を請うて粛誠殿から嘉寿殿に行き、その斎所にて［『大般若経』を］講読した。（『大慈恩寺三蔵法師伝』第一〇 T50, 276b）

玄奘は顕慶五年（六六〇）正月から始め、足掛け四年かけて『大般若経』の翻訳を完成した。このことを祝って斎を設け、訳了した「大般若経」を講読したというのである。ここでは、講読となっているが、いずれにせよ、訳了を記念する祝賀の読誦であったのだろう。

日本ではこの四〇年後（大宝三年）には転読されていたのであり、『大般若経』の受容と、それを読誦する法会の催行が、かなり早かったことが知られる。おそらく、この当時、唐に留学していた僧たちが、いち早くわが国にもたらしたのであろう。以下はわが国における大般若転読に絞って、論述してみたい。

(三) 転読という語の意味

転読は転経とも略読ともいうように、二つの意義がある。①経を順繰りに読誦すること、②大部の経典などを毎巻適当にめくって飛ばし読みすることである。この二つはそれぞれ転経と略読に相当する。いずれにしても読み方の相違、すなわち転読でいうと「転」の解釈の相違に他ならない。また、経典を読むまたは経典を転ずと明記されたものは、経典を転読することを主体としたもので、その読み方も中国の伝統を踏まえ、長く余韻を残す形での読誦であろうという見解もある(蓑輪顕量[2009:57])。実際、史書には「転読」はしばしば「転」とだけ記され、その解釈が問題となるのだが、このことは後で論ずることとする。

ここで言うところの転経と略読の意義の相違は、その読む方法にある。前者が同じ経巻を最初から最後まで読む、いわゆる「真読」(信読)と矛盾しないのに対し、後者はそれに対立する概念で、経の初・中・終の数行、あるいは経題と経の一部だけを読んで全巻の読誦に代えるものである。

さらに現在の転読としては、真・行・草の三形式があるという。真読とは、一頁は読み、二頁は「乃至」といって読まずに、三頁にとんで読む。行転は、一巻の初めの七行、まん中の五行、後の三行を読む。その間は「乃至」といって省略する。草転は、最初の経題と巻名、最後の題号のみを読む。いずれも、一定の時間内に全巻を読誦する目的で編み出された略読法である。現在用いられる転読はこれらの中の一つを意味しているが、最初からそうであった訳ではない。この誤解を解消するために、歴史上の展開に沿って論じておきたい。

(四) 正史に記録される転読とその経典

正史に登場する転読大般若経の最初の例は、『続日本紀』(七九七年編)である。本書は、律令国家としての奈良時代を中心とした六九七～七九一年の歴史を記録した史書であるが、この時代になると、急に『大般若経』の転読についての記事が現れ(二一〇回)、その中には『大般若経』書写の記録も見られる。以下はその最初の三つの記録である。

大宝三年（七〇三）三月一〇日　四大寺に詔して、『大般若経』を読ましむ。度すること一〇〇人。
神亀二年（七二五）閏正月一七日　僧六百人を宮中に請じて、『大般若経』を読誦せしむ。災異を除かんが為なり。
天平七年（七三五）五月二四日　宮中及び大安、薬師、元興、興福の四寺に於いて『大般若経』を転読せしむ。災害を消除し国家を安穏せんが為なり。

最初の二例は転読ではなく「読」あるいは「読誦」であり、第三の例で初めて「転読」という語で現れるが、内容上は三つともに変わることはない。このことから大般若の転読は少なくとも飛鳥時代から行われていた。それも四大寺（大安・薬師・元興・弘福〈興福〉）のような複数の官立の大寺院で「消除災害。安寧国家」を目的とする読経が行われていたことがわかる。

このように『大般若経』は専ら「読む」または「読誦する」「転読する」であって、「講ずる」とすることが多い『法華経』や『仁王般若経』などと比べると相違がある。おそらく『大般若経』は最初から呪術的な効果がある経典として受容され、「災害を消除」し、

「国家を安寧」ならしめるために読誦される経典であったのであろう。

また、読誦する僧の数が極めて多いことも注目される。上記の引用のように、転読の任に当たった請僧は百人から二百人、三百人、さらには六百人、七百人という大規模なものが多く見られる。このうち、六百口(人)というものが六回と最も多く見られる。これは『大般若経』六〇〇巻をそれぞれ一巻ずつ分担して実際に読誦するに充分な人数である。このことからも、現在の転読作法を当時の作法にあてはめて考えることはできないだろう。

ついで『日本後紀』(八四〇年撰)は四二年間の記録にすぎないが、『大般若経』の転読の記録は一六回と多く見られる。さらに、『続日本後紀』は、一八年間の記録に過ぎないが、この史書で『大般若経』の書写と転読が二九回も記録される。その場所は宮中の紫宸殿、大極殿などから、七大寺、一五大寺などで読誦させることも多くなる。しかし、僧百口とする場合が最も多く、比較的小規模となる。やはり、地震の際には『大般若経』の転読が行われている(嘉祥三年(八五〇)三月末五)。

次の『文徳実録』(八七九年撰)でも「『大般若経』の転読」は二九回と突出している。その目的は、降雨祈願、祈穀、攘災疫、攘水旱之災などのためで、清涼殿、大極殿、東宮御所、内裏、冷然院などで三日間行われた。

最後の『三代実録』（九〇一年撰）は、八五八〜八八七年までの約三〇年間を扱う。この書の中で最も多く見られる経典は、やはり『大般若経』で、元慶元年（八七七）七月七日から転読大般若経として、一一二回記載されている。

本経の転読は大勢で読誦するもので、今日の転読とは異なる。最高は僧百口で以下、九十、八十二、八十、七十八、七十五、七十四、七十、六十八、六十、五十などがあり、中には「延暦寺・東西院・崇福・梵釈・元興等五寺、各請十僧」などのように分散させて行う場合もある。最も多い形式は「請六十僧於内殿（紫宸殿）。転読大般若経。限三日訖」とするもので、比較的小規模になっている。その目的は祈雨、除災、鎮疫病、祈豊穣など多彩である。

以上のように、六国史によれば、転読される経典は、奈良時代では『（金光明）最勝王経』あるいは『大般若経』が最も多く、次いで平安時代にはいると『最勝王経』が姿を消し、代わりに『金剛般若経』や『般若心経』などの般若経典も加わるが、何といっても『大般若経』が突出している。ここにわれわれは奈良から平安にかけて『大般若経』が次第に代表的な転読経典として確立してゆく状況を確認することができる。

（五）転読の実際

六国史最後の『三代実録』（九〇一年撰）になると転読大般若経の記事は、以下のような定型的表現で記録されるようになる。

○月◇日　六十僧を△△△に延きて、限るに三日を以って『大般若経』を転読せしむ。
○月◇日　六十僧を屈請して『大般若経』を読ましむ。三日を限りに訖る。

この場合は、略読という意味での転読ではない。例えば先の『続日本紀』では「僧六百人、あるいは百人」に読誦させているし、この『三代実録』の転読は「六十人で三日間」を通例とする。つまり、僧六百人であれば一人一日で一巻を読誦できるし、六十人で三日であっても、一人につき三〜四巻を読めばよいことになる。つまり『大般若経』の全部を真読する十分な時間があり略読の必要はないのである。

また転読が行われる状況として、同時に多くの場所で行われること、多くの僧が動員されること、多数の経巻を読むことなどが挙げられる。このことからみると、多数の僧が手分けして一斉に読むか、少人数で長い時間かけて読むことになる。

また『大般若経』以外にも、『金剛般若経』や『般若心経』などの小部の経典も、しばしば「三日三夜ノ間、『金剛般若経』ヲ転読セシメテ、心ヲ至シテ罪業ヲ懺悔ス」（『今昔物語集』本朝部巻一四）などのように、「転」あるいは「転読」されていることから、当時の転読とは、現在大般若会で行われている略読、ましては折本を空中で翻転する儀礼的なものではなく、同一経典を繰り返して読むこと、あるいは経巻の初めから終わりまで何度もめくって読むという意味であることが推測される。

（六）転読の定例化

わが国において定例化した大般若会の始めは、次のような記録にたどることができる。

和銅元年（七〇八）一〇月　詔して『大般若経』を転じ、恒例と為す。（『元亨釈書』二一）

神亀二年（七二五）正月　僧六百人を請し、宮中に『大般若経』を転ぜしむ。（『元亨釈書』二二）（これはおそらく先の『続日本紀』の、神亀二年（七二五）閏正月一七日の記事と同一だろう。）

天平二年（七三〇）大安寺に般若会を始修す。（『初例抄』下巻）

この記録に依れば、七〇八年に『大般若経』の転読は恒例となり、大般若会としては七三〇年に大安寺で始められたことになる。しかし、このことを正史の上で確認することはできない。正史における初出は『続日本紀』の以下のような条項である。

天平九年（七三七）四月八日　律師道慈言す。私に浄行の僧等を請い、毎年『大般若経』一部六百巻を転ぜしめる。これにより雷声有りといえども災害ある所無し。請じて今より以後は諸国の進調庸の各三段物を撮取し、もって布施に充て、僧百五十人を請じてこの経を転ぜしむ。伏して願わくば寺を護り、国を鎮め、聖朝を平安ならしむ。この功徳をもって永く恒例と為せん。これを勅許す。

同年　五月朔　僧六百人を宮中に請じて『大般若経』を読ましむ。

この記事によれば、大安寺の律師道慈は以前から『大般若経』六〇〇巻の転読を私的に行っていた。あるとき落雷にあったが幸い何の災いもなかった。そこで「大般若の転読によって、寺を護り、国を鎮め、聖朝を平安にし、この功徳をもって永く恒例と為せん」と願い出て、勅令によって許可されたというものである。実際に同年五月に大般若会が行われている。

この条項を先の『初例抄』下巻に引かれた「般若会始め」という天平二年（七三〇）の記事に照らし合わせると、そこで言うところの「大安寺の般若会」とは、道慈が大安寺で私的に行っていた法会を指しているのかもしれない。

また『延喜式』巻二一、巻三三には大安寺で毎年四月六、七の両日に僧百五十人を請じて行われた『大般若経』転読の状況が記されている。それによれば、その施物として糸や曝布、木綿、絹などの布類があげられ、供養には官物を用いることや、官吏・楽人などを派遣することが述べられている。同じく、薬師寺・東大寺においても、それぞれ七月二三日、九月一五日に同様の朝廷の援助によって大般若会の厳修が恒例となっていたことも記されている。

以上のことから、大般若会は奈良時代、八世紀初頭から行われていた。そして正史による限りでは、天平九年（七三七）五月朔の大安寺の大般若会がその最初の記録であり、道慈によって恒例行事とされたことがわかる。

またこの記録を年中行事としての〈季御読経《きのみどきょう》〉成立の発端と見ることもできる。季御読経とは、宮中で季節ごとに定期的に行われる『大般若経』の転読のことであり、平安の物語や日記などに年中行事としてしばしば言及される。しかし、〈季御読経〉が実際に史書に登場するのは『三代実録』（九〇一年編）にある次のような記録においてである。

貞観元年（八五九）二月二五日　六十四僧を請じ、東宮に於いて『大般若経』を転読せしむ。今日より起首めて、三日を限りに訖る。おおよそ貞観の代、毎年の四季『大般若経』を転読す。他はみなこれに効《なら》へ。

これは貞観元年から、宮中において四季（二・五・八・一〇月を基準とする）の大般若の転読が定例化されたということである。この定例の季御読経は、後に僧の数が六十口、場所は紫宸殿か大極殿、転読の期間は三日間というように一定の形式で伝持されてゆくが、陽成天皇が即位した翌年（八七七）からは春秋二季の四日間に改められた。

〔6〕国家仏教と『大般若経』の信仰

(一) 仏教の導入と神宮寺

仏教は日本に伝来してから神祇信仰と交渉しつつ、神仏習合思想を産んだ。その一つの頂点が平安中期に成立した本地垂迹説である。この説は日本の神祇は本地である仏教の仏・菩薩が垂迹として顕現したものと解釈するもので、仏教を中心としつつ、日本固有の神々を低く位置づけるものであった。

しかし、その導入期において仏教は「蕃神」あるいは「他国神」であり、国神と対立する存在と考えられていた。国神は新来の蕃神と敵対し、それを奉ずる者に対してしばしば疫病や天変地異などのたたりをもたらすとされた。そこで仏教側ではその慰撫をはかる必要があったのである。それが白鳳から奈良時代にかけて、神祇の鎮座する社に、神宮寺が付設された理由である。

神宮寺は神社に付属し、その境内あるいはその周辺に建てられた。そこには神社に属する僧侶が住み、神前で読経し、加持祈祷を行うようになった。神宮寺は神仏習合が進む過程でほとんどの神社に設けられるようになったが、最も古い神宮寺としては伊勢の多度神宮寺、越前の気比神宮寺などがあり、それらはすでに八世紀初頭に建てられていた。これら神宮寺の設置は仏教側からみれば、神祇のたたりを取り除き、仏を蕃神とする理解を消滅させることを目的とするものであり、仏教の地方への普及を担う足がかりとしたものと考えられる。

一方、神宮寺の設置よりやや遅れて、天平一三年（七四一）聖武天皇は、国ごとに国分僧寺（金光明四天王護国之寺）、国分尼寺（法華滅罪之寺）を建立する勅令、いわゆる国分寺創設の詔を発布した。

これを契機として、仏教による国家統制が進み、奈良の南都諸大寺を中心とする仏教勢力は、国単位では諸国鎮護を目的とする国分寺・国分尼寺を、他方、地域集団社会（郡）単位では神宮寺を次々に創建して地方への進出に乗り出したのである。官立の国分寺の僧は当然ながら国家公認の僧侶であり、南都仏教、とりわけ法相宗の勢力が強かった。したがって国家仏教化への事業の推進役をはたしたのも彼らであり、おそらく神宮寺にも深い関わりがあったと考えられる。

国分寺が諸国の鎮護を対象とするのに対して、神宮寺はそれぞれの郡の鎮護を目的とするものである。したがって対象の異なりこそあれ、両者はいずれも個人の魂の救済を目的とするのではなかった。つまりこれらは為政者の側から、地域全体の安寧をはかるために設置されたものであるから、その意味では律令体制に組み込まれた国家仏教の展開というべきであろう。

実際に神宮寺の僧は国分寺の僧に準じて選任され、国庫でまかなわれていた。例えば、奈良時代の神宮寺の代表である常陸の鹿島神宮寺は、天平勝宝年間（七四九―七五七）に藤原氏の氏神である鹿島神社に付置された。創建者は同じく藤原氏の氏寺であった興福寺の満願上人である。嘉祥三年（八五〇）の官符によれば、鹿島神宮寺は八三〇年に定額に加えられ、そこに住む僧侶は国分寺僧に準じて選任されたことが記されてある。

（二）『大般若経』の役割と神祇信仰

また、伊勢の多度神宮寺も同様の扱いが行なわれていた。「玄蕃寮式」によれば、「凡そ伊勢国多度神宮寺の僧十口は、度縁戒牒、国分寺の僧に准じ、国庫に勘納し、替に補するの日、解文に副へて官に進めよ」と規定されている。

このことは以下のような『続日本紀』の記録によって知ることができる。

天平九年（七三七）三月三日　詔して曰く、国ごとに釈迦牟尼仏一躯、挟侍菩薩二躯を造り、兼て『大般若経』一部を写さしめよ。

天平十三年（七四一）三月二四日　このごろ年穀豊ならず、疫癘頻りに至る。慙懼交《こもごも》集まりて、唯労《ひとり》して己を罪す。是を以て広く蒼生の為に、遍ねく景福を求む。故に先年駅を馳せて天下の神宮を増飾し、去歳普く天下をして釈迦牟尼仏の尊像高さ一丈六尺なる者各一鋪を造り、并に〈大般若経〉各一部を写さしむ。今年より已来、秋稼に至り、風雨序に順ひて五穀豊かに穣れり。

以上の二つの条項は奈良時代に仏教が国家体制の中に組み込まれている局面を明らかにしている。注目されるのはその中での『大般若経』の役割である。ここに見られるように、釈迦像の造立と『大般若経』の書写はセットで行われていた。神宮寺や国分寺にはこのように釈迦像が安置され、『大般若経』がおさめられていたのである。

なお、前者の詔勅発布の年は、すでに述べたように、多くの文献で大般若会の正式な成立の年と見なされていて、後代に『大般若経』が重視される起点ともなっている。一方、後者は前に触れた国分寺創建のときの詔勅であるが、『大般若経』の書写が凶作という災禍を機縁とする対策であったことがわかる。おそらく、般若は仏智であるから、すべての邪偽を除去するとして尊重されたのであったろう。加えて、その智慧が実際に説かれた経巻そのものも、特別な呪力があるとして書写・供養されていたのである。

(三) 国家と『大般若経』の信仰

『大般若経』を書写して国分寺に安置するといった国家統制による『大般若経』信仰の様相は平安時代にはいってさらに濃厚となる。例えば、『日本後紀』大同四年(八〇九)正月一八日の条には、次のようにある。

天下諸国をして、名神の為に『大般若経』一部を写して、奉読供養して、国分寺に安置せしめ、国分寺のなき国には定額寺においてせしむ。

これは名神という神祇のために『大般若経』を書写し、神前で読経するもので、これによって神を喜ばせ、あるいは解脱させるという、典型的な神仏習合である。これが律令体制の官寺である国分寺、あるいは准官寺である定額寺においてなされたことは、国家権力とそれに結びついた仏教勢力により、『大般若経』の信仰が国家事業として展開していったことを意味する。これが古代社会における大般若信仰の性格であるといえる。

現在、真言・天台・禅宗などの各寺院で行われる大般若転読会は、この六〇〇巻の『大般若経』を各巻ごと数秒間ひろげる間に一言だけ呪を唱えて全巻読誦に代えるものが通例である。その呪は玄奘訳『般若心経』にも説かれる有名な真言であり、「ギャーテー ギャーテー ハーラーギャーテー ハラソウギャーテー ボージ ソワカ」（掲帝 掲帝 般羅掲帝 般羅僧掲帝 菩提 僧莎訶）と唱えられる。しかし、この呪は般若波羅蜜の究極のはたらきを、語源解釈をもって唱えた真言（マントラ）に他ならず、『大般若経』の教説のすべてを集約すると考えられている。実際、『大般若波羅蜜多経』の末尾に「般若仏母心呪」として掲載されるように、この大般若会にて唱えられるにふさわしいものである。

あとがき

般若経を研究するようになって、もう四〇年ほどにもなる。これまで個々の般若経の論文や研究書を書いてきたことはあったが、これをさらに般若経全般で一冊にまとめるためには集中した時間と労力が必要である。春秋社編集部の佐藤氏と豊嶋氏に研究室で熱心なお誘いを受けてから、気楽に考えていたこともあり、本書をまとめるのに随分と手間取ってしまった。

やはり、一冊の概説書となると、不特定の読者を想定しながら、過不足なく、新しい知見を加えながらまとめるという意欲が沸いてくる。そうなると、意のままに論文を書き散らすのとは大きな違いが出てくる。しかし、娑婆世界の学務の中で充分な執筆と推敲の時間を確保すること、実際これにも苦労した。

加えて般若経は多様である。こうして書き上げてみると、やはりこの経典は専門領域ではありながらも手に余るものがあり、意を尽くせぬ思いがいまだ拭いきれない。ただ、この浩瀚な大乗経典に近づく人々のため、またこれまでの自身の研究の一里塚として、一定の役割を果たすことはできたのではないだろうか。この思いをもって、本書を終えることにしたい。

最後になったが、本書を担当していただいた豊嶋さんの御尽力に心からの感謝を捧げたい。

二〇一九年一一月吉日

渡辺章悟

——参考文献及び略号——

小川［2000］：小川一乗「『順中論義入大般若波羅蜜経初品法門』の解読研究」『仏教学セミナー』71, pp.45-83（左）.

小澤［1968］：小澤憲珠「順中論について」『印仏研究』32, pp.367-369.

梶山［1992］：梶山雄一「道行般若経における縁起思想」『般若波羅蜜多思想論集』真野龍海博士頌壽記念論文集，山喜房佛書林，pp.189-202（『般若の思想』春秋社，2012 に採録）.

梶山Ⅰ［2001］：梶山雄一訳『大乗仏典２ 八千頌般若経Ⅰ』中央公論新社.

梶山Ⅱ［2001］：梶山雄一訳『大乗仏典３ 八千頌般若経Ⅱ』中央公論新社.

梶芳［1980］：梶芳光運『大乗仏教の成立史的研究』山喜房佛書林.（『原始般若経の研究』山喜房佛書林、1944 の増補再版）

三枝［1971］：三枝充悳『般若経の真理』春秋社.

三枝［1983］：三枝充悳「般若経の成立」『講座・大乗仏教２—般若思想』平川・梶山・高崎編，春秋社，pp.87-122.

土田［1988］：土田龍太郎「ヴェーダとウパニシャッド」『岩波講座　東洋思想　第五巻　インド思想Ⅰ』岩波書店.

中村［1955］：中村元『初期ヴェーダーンタ哲学の発展』岩波書店.

中村［1981］：中村元「否定の論理の代表としての＜八不＞」『仏教思想６　空（上）』仏教思想研究会編，平楽寺書店，pp.201-210.

袴谷［1994］：袴谷憲昭『唯識の解釈学—『解深密経』を読む』春秋社.

八力［1979］：八力広喜「『順中論』考」『北海道武蔵女子短期大学紀要』11.

蓑輪［2009］：蓑輪顕量『日本仏教の教理形成』大蔵出版.

山口［1979］：山口恵照「インド哲学における智慧の問題」『森三樹三郎博士頌寿記念東洋学論集』朋友書店.

吉村［2013］：吉村誠『中国唯識思想史研究—玄奘と唯識学派』大蔵出版.

ルヌー＆フィリオザ［1981］：L. ルヌー・J. フィリオザ著，山本智教訳『インド学大辞典』第一巻，金花舎.

渡辺［1987］：渡辺章悟「「般若経」における縁起」『印仏研究』70, pp.33-36.

渡辺［1995］：渡辺章悟『大般若と理趣分のすべて』溪水社.

渡辺［2009］：渡辺章悟『般若心経—テクスト・思想・文化』大法輪閣.

渡辺［2011］：渡辺章悟「大乗仏典における法滅と授記の役割—般若経を中心として」『大乗仏教の誕生』第３章（シリーズ大乗仏教・第２巻）高崎直道監修，春秋社，pp.73-108.

渡辺［2012］：渡辺章悟「般若経の成立過程―智の展開を中心として」『経典とは何か（二）―経典の成立と展開受容』日本仏教学会編，平楽寺書店，pp.29-62.
渡辺［2013a］：渡辺章悟「般若経の三乗思想」『東洋学論叢』38，pp.143-142
渡辺［2013b］：渡辺章悟「般若経の形成と展開」『智慧／世界／ことば 大乗仏典Ⅰ』（シリーズ大乗仏教・第4巻）高崎直道監修，春秋社，pp.101-153.
渡辺［2014］：渡辺章悟編『東アジアにおける仏教の受容と変容―智の解釈をめぐって―』東洋大学東洋学研究所.
渡辺［2015a］：渡辺章悟「般若経の三乗における菩薩乗の意味」『印仏研究』132, pp.173-181.
渡辺［2015b］：渡辺章悟共編『般若経大全』春秋社.
渡辺［2018］：渡辺章悟「般若経の意図するもの」『東洋思想文化』第5号，pp.1-24.
AS:：*Aṣṭasāhasrikā Prajñāpāramitā*
AD：*Aṣṭādaśasāhasrikā Prajñāpāramitā*
PV：*Pañcaviṃśatisāhasrikā Prajñāpāramitā*
Conze [1951]：Edward Conze, *Buddhism*, Cassirer: Oxford.
Conze [1974a]：Edward Conze, *The Gilgit Manuscript of the Aṣṭādaśasāhasrikāprajñāpāramitā Chapters 70-82 Corresponding to the 6th, 7th and 8th Abhisamayas*, SOR XLVI: Roma.
Conze [1974b]：Edward Conze, *Vajracchedikā Prajñāpāramitā*, SOR XIII：Roma.
Keith [1971]：A. B. Keith, *The Religion and Philosophy of the Veda and Upanishads*, 2 vols. Harvard University Press, Cambridge, 2nd ed.
Kimura [2007]：Takayasu Kimura, *Pañcaviṃśatisāhasrikā Prajñāpāramitā* Ⅰ～1, Sankibo Busshorin Publishing Co., Ltd.: Tokyo.
Kimura [2009]：Takayasu Kimura, *Pañcaviṃśatisāhasrikā Prajñāpāramitā* Ⅰ～2, Sankibo Busshorin Publishing Co., Ltd.: Tokyo.
Kimura [1986]：Takayasu Kimura, *Pañcaviṃśatisāhasrikā Prajñāpāramitā* Ⅱ・Ⅲ, Sankibo Busshorin Publishing Co., Ltd.: Tokyo.
Kimura [1990]：Takayasu Kimura, *Pañcaviṃśatisāhasrikā Prajñāpāramitā* Ⅳ, Sankibo Busshorin Publishing Co., Ltd.: Tokyo.
Kimura [1992]：Takayasu Kimura, *Pañcaviṃśatisāhasrikā Prajñāpāramitā* Ⅴ, Sankibo Busshorin Publishing Co., Ltd.: Tokyo.
Kimura [2006]：Takayasu Kimura, *Pañcaviṃśatisāhasrikā Prajñāpāramitā*

Ⅵ～Ⅷ, Sankibo Busshorin Co., Ltd.: Tokyo.
Limaye & Vadekar [1958]：V. P. Limaye and R. D. Vadekar, *Eighteen Principal Upaniṣad* Vol. Ⅰ, Gandhi Memorial Edition, Poona.
Poussin [1912]：La Vallée Poussin ed., *Bouddhisme, Études et matériaux, Théorie des douze Causes*, Ghend, pp.69-90.
Sen [1982]：C. Sen, *A Dictionary of the Vedic Rituals, based on the Crauta and Gṛhya sūtras*, Concept Publishing Company: Delhi.
Senart [1882-1897]：É. Senart ed., *Le Mahāvastu*, 3 vols, Paris.
Wogihara [1973]：U. Wogihara, *Abhisamayālaṃkārālokā Prajñāpāramitāvyākhyā, The Work of Haribhadra.*, Sankibo Busshorin Publishing Co., Ltd.:Tokyo (1st Pub., The Toyo Bunko:Tokyo, 1932).
T MS No.382：東京大学図書館蔵サンスクリット『十万頌般若』写本

著者紹介

渡辺章悟（わたなべ　しょうご）

1953年生まれ。東洋大学大学院博士課程修了。東洋大学教授。博士（文学）。専門は般若経研究。『般若心経—テクスト・思想・文化』（大法輪閣）、『大般若と理趣分のすべて』（北辰堂）、『金剛般若経の研究』（山喜房佛書林）など。

般若経の思想

2019年12月20日　第1刷発行

著　　者　渡辺章悟
発 行 者　神田　明
発 行 所　株式会社 春秋社
〒101-0021　東京都千代田区外神田2-18-6
電話　03-3255-9611（営業）
　　　03-3255-9614（編集）
振替　00180-6-24861
http://www.shunjusha.co.jp/
装　　丁　鈴木伸弘
印刷・製本　萩原印刷株式会社

ISBN978-4-393-13436-8　　定価はカバー等に表示してあります

平川彰
スタディーズ　仏教

仏教的なものの見方「般若の智慧」をキーワードに、基本となる無常・空・無我・縁起の思想と、仏教を構成する仏法僧の三宝について詳述する入門書。『仏教入門』改題新装版。　2000円

梶山雄一
スタディーズ　空

大乗仏教を代表する空の思想を、開祖のブッダから部派仏教、大成者の龍樹へという歴史の展開に沿いながら、縁起・輪廻との関係から、その論理を明らかにする。『空入門』改題新版。　2000円

高崎直道
スタディーズ　唯識

仏教の教えの中で認識を徹底的に追究し潜在意識アーラヤ識にたどりついた唯識思想を、『中辺分別論』をテキストにして根底から説き明かす。『唯識入門』改題新版。　2000円

玉城康四郎
スタディーズ　華厳

『六十華厳』の中から、広大無辺な仏の悟りの世界と菩薩の修行の道、中国・日本における華厳宗の展開までを、実践と学問を両方追求した著者がやさしく語る。『華厳入門』改題新版。　2000円

勝又俊教
スタディーズ　密教

インドに起こり、日本で発展した密教とはどのようなものか。歴史・経典・真言等あらゆる方面から論じ、密教思想と空海の全面的把握を目指した書。『密教入門』改題新版。　2000円

▼価格は税別